EMMA MAXWELL

Libertad financiera simplicicada

Guía paso a paso para eliminar deudas, crear un plan financiero y brindar seguridad para usted y su familia

This book was professionally typeset on Reedsy.
Find out more at reedsy.com

Contents

Introducción

Piense en esto: un padre se sienta en la mesa de la cocina, rodeado por una montaña de facturas. Se preguntan como van a pagar todo a tiempo y seguir ahorrando para la educación universitaria de sus hijos. Este momento de sensación de agobio es demasiado común. Muchas familias tienen problemas económicos, y no porque no trabajen duro. A menudo se debe a que nunca aprendieron en la escuela las nociones básicas para administrar el dinero.

Hola, soy Emma, contable titulada. Lo creas o no, nunca aprendí nociones básicas de finanzas en la escuela. Cuando nació mi hijo, me di cuenta de que tenía que ponerme las pilas. Quería tomar decisiones financieras sólidas para mi familia. Así que me embarqué en un viaje de aprendizaje para superarme. A base de ensayo y error, he aprendido mucho, y ahora quiero compartir lo que he descubierto contigo.

El propósito de este libro es sencillo: enseñarle principios financieros básicos y mostrarle como gestionar su dinero de forma eficaz. No tiene por qué sentirse abrumado. Estos principios son fáciles de aprender y aplicar. Tanto si tiene deudas como si intenta ahorrar para el futuro, este libro le ayudará a mejorar la situación financiera de su familia.

La educación financiera es crucial para todos. ¿Sabías que un porcentaje significativo de personas no tiene un fondo de emergencia ni un presupuesto? Según las investigaciones, muchas familias tienen dificultades porque nunca se les enseñó a manejar el dinero. Un reciente informe de investigación de clientes demostró que la gente busca libros de planificación financiera porque quieren llenar este vacío en su educación. Las escuelas no suelen enseñar estos principios, pero nunca es tarde para aprender.

¿Qué le aportará este libro? Estos son los puntos clave:

- Entender la deuda y como pagarla
- Crear y mantener un presupuesto
- Saber adónde va su dinero
- Crear un fondo de emergencia
- Fundamentos de la inversión
- Ahorrar para la universidad
- Planificar la jubilación
- Conceptos básicos de fiscalidad
- como tener una gran mentalidad monetaria

Se trata de pasos prácticos que puede dar para mejorar sus finanzas. Verá que estos principios no son sólo teoría. Son soluciones reales que pueden marcar la diferencia en su vida.

A lo largo del libro, compartiré ejemplos reales de mi propia experiencia. También leerás historias de otras familias que han gestionado con éxito sus finanzas. Estas historias hacen que los consejos sean creíbles y comprensibles. Verá que no está solo en sus dificultades y que el éxito es posible.

El libro está estructurado de forma lógica, empezando por lo básico y pasando a temas más avanzados. He aquí un breve resumen de los capítulos:

1. Introducción a la educación financiera
2. Aspectos básicos del presupuesto
3. Gestión de la deuda
4. Fundamentos de la inversión
5. Planificar la jubilación
6. como enseñar dinero a los niños
7. Aspectos básicos de la fiscalidad
8. Mentalidad monetaria y creación de riqueza duradera

Cada capítulo termina con una serie de pasos concretos que puede seguir para mejorar su situación financiera de inmediato. Tendrá un camino claro que seguir, lo que le facilitará tomar las riendas de su futuro financiero.

Le animo a dar el primer paso hacia la libertad financiera y la estabilidad de su familia. Usted tiene el poder de cambiar su situación financiera. Con los conocimientos y las herramientas adecuadas, puede labrarse un futuro mejor. Así que iniciamos este viaje juntos. Tu viaje hacia la libertad financiera empieza ahora.

Capítulo 1

Fundamentos de la alfabetización financiera

Una noche, después de acostar a los niños, te sientas con una taza de té y un montón de facturas. Los números no cuadran y sientes un nudo en el estómago. Te preguntas como se las arreglan otros para ahorrar para la universidad, pagar las deudas y que aún les quede dinero para unas vacaciones familiares. La verdad es que mucha gente se siente igual. La educación financiera no consiste sólo en saber como hacer un presupuesto o invertir, sino también en comprender tu mentalidad financiera.

1.1 Comprender su mentalidad financiera

Su mentalidad financiera es el conjunto de actitudes y creencias que tiene sobre el dinero. Estas actitudes determinan su comportamiento financiero, a menudo sin que se dé cuenta. Si ha crecido escuchando constantemente que el dinero escasea, es posible que sea demasiado precavido con los gastos o que tema asumir riesgos financieros. Por otro lado, si creció en un entorno en el que el dinero se gastaba libremente, es posible que le cueste ahorrar y presupuestar. Nuestra educación y antecedentes culturales desempeñan un papel importante en la formación de estas creencias. Por ejemplo, algunas culturas hacen hincapié en la frugalidad y el ahorro, mientras que otras dan prioridad a disfrutar del momento presente, a veces a expensas de la seguridad financiera futura.

Las experiencias personales también dejan una huella duradera en nuestra forma de ver el dinero. Una persona que ha experimentado dificultades financieras puede desarrollar una mentalidad de escasez, preocupándose siempre de que nunca será suficiente. Por el contrario, alguien que ha visto los beneficios de las inversiones acertadas puede adoptar una mentalidad de abundancia, creyendo que siempre hay oportunidades para aumentar la riqueza.

Estas mentalidades –la escasez y la abundancia– pueden influir significativamente en nuestra forma de tomar decisiones financieras. Una mentalidad de escasez suele conducir a un ahorro excesivo y a la aversión al riesgo, mientras que una mentalidad de abundancia puede fomentar los riesgos calculados y la planificación a largo plazo. No te preocupes, las mentalidades pueden cambiar una vez que sabemos de dónde partimos.

Reconocer y abordar las creencias financieras negativas es crucial para liberarse de los comportamientos limitantes. Empiece por identificar estas creencias. Hágase preguntas como: "¿Creo que el dinero es intrínsecamente difícil de conseguir?" o "¿Creo que nunca podré ahorrar lo suficiente?". Las herramientas de autoevaluación, como los cuestionarios de comportamiento financiero, pueden ayudarte a identificar estos pensamientos negativos. Una vez identificados, desafíen estas creencias reformulándolas. Por ejemplo, si crees que invertir es demasiado arriesgado, investiga y edúcate sobre opciones de inversión de bajo riesgo. También es esencial comprender que el fracaso forma parte del proceso de aprendizaje. Si ha cometido errores financieros antes, no deje que definan su futuro. Por el contrario, utilízalo como oportunidades de aprendizaje para construir una base financiera más sólida.

Adoptar una mentalidad de crecimiento hacia las finanzas puede transformar su situación financiera. Una mentalidad de crecimiento favorece el aprendizaje y la mejora, reconociendo que las habilidades y los conocimientos pueden desarrollarse con el tiempo. Pensemos en la historia de Jamie, una madre soltera que se ahogó por deudas. Al cambiar su mentalidad y ver cada contratiempo financiero como una lección, fue pagando poco a poco sus deudas y acumulando ahorros. Los ejercicios prácticos, como fijarse objetivos financieros pequeños y alcanzables o llevar un diario de los progresos financieros, pueden ayudar a desarrollar esta mentalidad.

Para fomentar una relación más sana con el dinero, puedes incorporar a tu rutina afirmaciones diarias y hábitos positivos relacionados con el dinero. Empieza el día con afirmaciones como: "Soy capaz de gestionar mis finanzas eficazmente" o "Cada dólar que ahorro me acerca más a mis objetivos". Está demostrado que decir los objetivos en voz alta aumenta un 70% las probabilidades de alcanzarlos. Si las afirmaciones no son lo tuyo, escribir los objetivos marca una gran diferencia. Fíjate objetivos financieros pequeños y alcanzables para ganar confianza.

Por ejemplo, intenta ahorrar 50 dólares al mes o reducir en 25 dólares los gastos de las cenas fuera de casa. Estos pequeños logros se acumulan con el tiempo y aumentan tu confianza. Rodéate de otras personas que te hagan rendir cuentas. Únete a un grupo de educación financiera o busca un mentor que pueda ofrecerte orientación y apoyo. No te sientas mal visto, ya que todas estas personas empezaron donde tú estás en algún momento de sus vidas. Su aliento puede ser inestimable a medida que avanzas hacia tus objetivos financieros.

Comprender su mentalidad financiera es el primer paso hacia la educación financiera. Al reconocer y abordar las creencias negativas, adoptar una mentalidad de crecimiento e incorporar hábitos positivos, puede transformar su mentalidad financiera. Este capítulo sienta las bases para el resto del libro, guiándose a través de pasos prácticos para gestionar su dinero de forma eficaz y construir un futuro financiero seguro para su familia.

1.2 La importancia de la educación financiera para las familias

La educación financiera es una piedra angular del bienestar familiar. Imagine un hogar en el que cada decisión financiera provoca discusiones y estrés. Esta situación es habitual y suele deberse a la falta de conocimientos financieros. Cuando las familias comprenden la gestión del dinero, experimentan menos estrés y conflictos. Saber como presupuestar, ahorrar e invertir puede transformar un hogar de un lugar de ansiedad a uno de estabilidad y paz. Los conocimientos financieros capacitan a todos los miembros de la familia para tomar decisiones con conocimiento de causa, reduciendo los malentendidos y fomentando un entorno de colaboración.

Las decisiones financieras informadas contribuyen a la estabilidad familiar a largo plazo. Cuando los padres tienen las habilidades necesarias para gestionar el dinero con sensatez, pueden planificar el futuro, garantizando a sus hijos el acceso a la educación y a las oportunidades. Esta estabilidad no consiste sólo en tener suficiente dinero, sino en crear un entorno seguro en el que todos se sientan confiados sobre su futuro financiero. También significa romper el ciclo de mala gestión financiera que a menudo pasa de generación en generación. Educándonos a nosotros mismos, podemos cambiar la narrativa para nuestros hijos, enseñándoles las habilidades que necesitan para prosperar financieramente.

La educación financiera beneficia a los distintos miembros de la familia de maneras únicas. Para los padres, significa empoderamiento. Pueden tomar decisiones acordes con sus valores y objetivos, ya sea ahorrar para unas vacaciones familiares o invertir en un fondo para la universidad. La educación financiera proporciona a los padres las herramientas necesarias para afrontar los retos financieros de la vida con confianza. Para los niños, aprender sobre la gestión del dinero desde una edad temprana les prepara para el éxito: desarrollan habilidades esenciales que les servirán durante toda su vida, desde comprender el valor del ahorro hasta tomar decisiones de gasto informadas. Los miembros de la familia ampliada, como los abuelos, también pueden beneficiarse. Pueden ayudar con las finanzas familiares o crear fideicomisos y cuentas de ahorro para sus nietos.

Las estadísticas subrayan la importancia de la educación financiera. Por ejemplo, más de 77 millones de estadounidenses no pagan sus facturas a tiempo y el 41% no tiene una cuenta de ahorros. Estas cifras ilustran los problemas financieros generalizados a los que se enfrentan las familias. La educación puede cambiar esta situación. Los estudios demuestran que las familias que participan en programas de educación financiera están mejor preparadas para gestionar sus finanzas y lograr la estabilidad a largo plazo. El Consejo de Educadores Financieros informa de que los conocimientos financieros pueden sacar a las familias de la pobreza y prepararlas para el éxito. No se trata sólo de dólares y céntimos; se trata de crear una base para una vida mejor.

Pensemos en la historia de la familia Jones. Estaban ahogados por las deudas y constantemente estresados por el dinero. Decidieron seguir juntos un curso de educación financiera para aprender a presupuestar, ahorrar e invertir. Con el tiempo, saldaron sus deudas, crearon un fondo de emergencia e incluso ahorraron para el pago inicial de una casa. Su camino no fue fácil, pero demuestra el poder transformador de la educación financiera. Otro ejemplo es el de Jane, una madre soltera que tuvo problemas económicos tras divorciarse. Educándose a sí misma en finanzas personales, consiguió dar la vuelta a su situación, asegurándose un futuro estable para ella y sus hijos.

La educación financiera afecta a toda la unidad familiar. Reduce el estrés y los conflictos, contribuye a la estabilidad a largo plazo y rompe los ciclos generacionales de mala gestión financiera. Permite a los padres tomar decisiones informadas y les enseña a los niños habilidades esenciales para administrar el dinero. Las estadísticas ponen de relieve la necesidad generalizada de educación financiera, y ejemplos de la vida real muestran sus resultados positivos. Al adoptar la educación financiera, las familias pueden construir juntas un futuro seguro y próspero.

1.3 Descifrando la jerga financiera

Cuando se trata de gestionar su dinero, puede parecer que navega por un mar de términos y conceptos confusos. Desglosamos algunos de los términos clave de la jerga financiera que debes conocer, empezando por el "interés compuesto". El interés compuesto es el interés devengado tanto por el capital inicial como por el interés que se le ha añadido. Piense en ello como en el efecto bola de nieve: si hace rodar una pequeña bola de nieve colina abajo, recoge más nieve y crece. Del mismo modo, cuanto más tiempo deje su dinero en una cuenta ganando intereses compuestos, más crecerá con el tiempo. Este concepto es crucial para los ahorros y las inversiones, ya que puede aumentar significativamente su riqueza a largo plazo.

"P&I" significa capital e intereses. Cuando contraes cualquier tipo de préstamo, devuelves tanto el principal (la cantidad original prestada) como los intereses (el coste de pedir prestado el dinero). Entender la diferencia entre capital e intereses es crucial para gestionar los préstamos con eficacia. Por ejemplo, en los primeros años de una hipoteca, la mayor parte de los pagos se destina a intereses. Saber esto puede ayudarte a tomar decisiones informadas sobre refinanciación o pagos adicionales para reducir el capital más rápidamente.

La inflación es otro término importante que hay que entender. La inflación es la tasa a la que aumenta el nivel general de precios de bienes y servicios, erosionando el poder adquisitivo del dinero. Por ejemplo, si la tasa de inflación es del 3%, una barra de pan que hoy cuesta 1 $ costará 1,03 $ el año que viene. La inflación puede afectar a sus ahorros e inversiones, ya que el valor de su dinero disminuye con el tiempo. Por eso es esencial invertir tu dinero en activos que puedan crecer más rápido que la inflación, como acciones o bienes inmuebles.

Por último, hablamos de la "asignación de activos". La asignación de activos es el proceso de dividir sus inversiones entre distintas categorías de activos, como acciones, bonos y efectivo. El objetivo es equilibrar el riesgo y la recompensa según sus objetivos financieros, tolerancia al riesgo y horizonte de inversión. Por ejemplo, un inversor joven con un largo periodo de tiempo hasta la jubilación podría asignar más acciones, que ofrecen mayores rendimientos potenciales pero también un mayor riesgo. Por el contrario, alguien que esté a punto de jubilarse podría asignar más a los bonos, que suelen ser más seguros pero ofrecen menores rendimientos. Una correcta asignación de activos puede ayudarle a alcanzar sus objetivos financieros al tiempo que gestiona el riesgo.

Entender estos términos no es sólo ampliar su vocabulario. Se trata de tomar mejores decisiones financieras. Por ejemplo, saber como funcionan los intereses puede motivarte a empezar a ahorrar pronto. Entender el P&I puede ayudarle a gestionar sus préstamos de forma más eficaz. Ser consciente de la inflación puede orientar tus decisiones de inversión, y conocer la asignación de activos puede ayudarte a construir una cartera diversificada y resistente.

Desglosando la jerga financiera, desmitificamos el mundo de las finanzas personales. Comprender estos términos puede ayudarle a tomar decisiones con conocimiento de causa, evitar errores costosos y tomar las riendas de su futuro financiero. Recuerde, la educación financiera es un viaje, y cada paso que dé le acercará a la libertad financiera y a la estabilidad de su familia.

1.4 Establecer objetivos financieros realistas

Establecer objetivos financieros realistas es un paso fundamental en la planificación financiera. Imagínese que intenta navegar sin un mapa; probablemente se perdería o tardaría mucho más en llegar a su destino. Los objetivos financieros actúan como hoja de ruta, proporcionando dirección y motivación. Cuando se tienen objetivos específicos y mensurables, es más fácil mantenerse centrado y motivado. Los objetivos específicos le ofrecen una visión clara, lo que facilita el seguimiento del progreso y la rendición de cuentas.

Por ejemplo, en lugar de decir: "Quiero ahorrar dinero", un objetivo específico sería: "Quiero ahorrar 5.000 dólares para unas vacaciones familiares en un año". Esta especificidad convierte un deseo vago en un objetivo concreto.

Para fijar objetivos financieros eficaces, utilice los criterios EMART: Específicos, Mensurables, Alcanzables, Relevantes y Limitados en el tiempo. Los objetivos específicos son claros y precisos, como ahorrar para comprar un coche nuevo. Los objetivos mensurables te permiten hacer un seguimiento de los progresos, cómo ahorrar 200 dólares al mes. Los objetivos alcanzables son realistas dadas tus circunstancias, como dejar de salir a cenar para ahorrar más. Los objetivos relevantes se alinean con sus planes financieros más amplios, garantizando que contribuyen a su bienestar general. Los objetivos limitados en el tiempo tienen un plazo establecido, cómo ahorrar 5.000 dólares en dos años.

Por ejemplo, un objetivo EMART para una familia podría ser: "Ahorrar 10.000 $ para el pago inicial de una casa en tres años ahorrando 278 $ mensuales". Las hojas de cálculo para establecer y hacer un seguimiento de estos objetivos pueden ser muy útiles, ya que te ayudan a dividir los objetivos más grandes en pasos más pequeños y manejables.

Los errores más comunes a la hora de fijar objetivos pueden hacer descarrilar sus planes financieros. Un error importante es establecer expectativas poco realistas. Quizá se haya propuesto ahorrar una cantidad inalcanzable en un periodo corto. Gestionar esas expectativas implica ser honesto sobre su situación financiera actual y lo que es factible. Otro error común es fijarse objetivos sin un plan de acción claro. No basta con decir: "Quiero salir de deudas". Necesitas una estrategia detallada, cómo pagar primero las deudas con intereses altos. Cuando hayas terminado los primeros capítulos, vuelve a revisar esos objetivos y comprueba si son realistas o han cambiado. También puedes hacerlo en tus noches mensuales de dinero. No dedicar tiempo a trabajar para conseguir tus objetivos también puede ser un obstáculo. La constancia es la clave. Dedicar regularmente tiempo a revisar y ajustar sus planes le garantiza que se mantendrá en el buen camino.

Alcanzar objetivos financieros requiere estrategias prácticas. Dividir los grandes objetivos en pasos más pequeños y manejables los hace menos desalentadores. Por ejemplo, si tu objetivo es ahorrar 10.000 $ en dos años, céntrate en ahorrar 417 $ cada mes. Los recordatorios visuales, como gráficos o indicadores de progreso, pueden mantenerte motivado. Colócalos en lugares visibles, como la nevera o el smartphone. También es importante recordar que pedir ayuda no es un signo de debilidad. Ya sea consultando a un asesor financiero o uniéndose a un grupo de educación financiera, buscar orientación puede proporcionarle nuevas perspectivas y mantener responsable. Tener un grupo de rendición de cuentas o un mentor puede ser increíblemente beneficioso. Pueden ofrecerte apoyo, compartir sus experiencias y mantenerte en el buen camino.

Establecer objetivos financieros realistas le proporciona una hoja de ruta clara, haciendo que su viaje financiero sea manejable y menos estresante. Recuerde que se trata de progresar, no de alcanzar la perfección. Rodéate de personas que te apoyen y te ayuden a rendir cuentas, y no tengas miedo de buscar asesoramiento profesional cuando sea necesario.

Una vez que hayas hecho una lluvia de ideas con todos tus objetivos, escribe junto a ellos las fechas en las que quieres alcanzarlos, si aún no lo has hecho. A continuación, ordénalos por fecha, primero el objetivo más próximo y después los objetivos futuros. Tal vez quieras pagar la deuda antes de irte de vacaciones a Disney World. Compártelos con tu cónyuge: ¿estáis de acuerdo? Si ambos perseguís los mismos objetivos, estupendo; si no es así, habladlo y acordar el orden de preferencia y los plazos. No tengas miedo de marcarse grandes objetivos, como hacer un máster en la universidad dentro de cinco años; en el capítulo 2 veremos cómo.

1.5 Principios básicos de la presupuestación

Hacer un presupuesto es como tener una hoja de ruta para tus finanzas. Sin él, podrías encontrarte perdido, preguntándote dónde ha ido a parar todo tu dinero a final de mes. El objetivo de un presupuesto es ayudarle a gestionar sus finanzas con eficacia, asegurándose de que cada dólar tiene un propósito. Un presupuesto bien elaborado puede ser la clave para lograr la estabilidad financiera. Cuando sabes exactamente cuánto dinero entra y sale, puedes tomar decisiones informadas sobre el gasto y el ahorro. Esta claridad no sólo ayuda a pagar las facturas a tiempo, sino también a reservar dinero para objetivos futuros como vacaciones, fondos para la universidad o la jubilación.

Nunca se insistirá lo suficiente en la importancia de elaborar un presupuesto para reducir el estrés financiero. Cuando se tiene un plan claro para el dinero, se alivia la ansiedad que producen los gastos imprevistos o las facturas inminentes. Mejora la toma de decisiones al proporcionarle un marco en el que puede evaluar sus opciones de gasto. Por ejemplo, si su presupuesto le asigna 100 dólares para salir a cenar cada mes, se lo pensará dos veces antes de derrochar en una comida cara. Conocer tus límites financieros te permite disfrutar de la vida sin la preocupación constante de gastar más de la cuenta.

Hay varios métodos presupuestarios entre los que elegir, cada uno con sus ventajas e inconvenientes. El sistema de sobres consiste en asignar dinero en efectivo en sobres físicos a distintas categorías, como la compra o el ocio, y servicios públicos. Una vez gastado el dinero de un sobre, no se puede gastar más en esa categoría hasta el mes siguiente. Este método es excelente para quienes necesitan una forma tangible de controlar sus gastos, pero puede resultar engorroso en nuestra sociedad, cada vez más carente de dinero en efectivo. El presupuesto basado en cero, por otra parte, requiere que asignes a cada dólar un trabajo, asegurándote de que tus ingresos menos tus gastos son iguales a cero. Este método es muy eficaz para quienes quieren asegurarse de que se contabiliza hasta el último céntimo, pero requiere una planificación y un seguimiento meticulosos. Los presupuestos basados en porcentajes, como la regla 50/30/20, asignan el 50% de los ingresos a necesidades, el 30% a gastos discrecionales y el 20% a ahorros y amortización de deudas. Este método es sencillo y flexible, pero puede no ser lo bastante detallado para quienes tienen situaciones financieras complejas.

Para elaborar un presupuesto, empieza por hacer una lista de todas tus fuentes de ingresos, incluidos sueldos, trabajos por cuenta propia, manu-tención de los hijos y cualquier otra fuente de ingresos. A continuación, haz una lista de tus gastos, dividiéndolos en fijos (alquiler, servicios, pagos de préstamos) y variables (comida, ocio, restaurantes). Una vez que tengas una idea clara de tus ingresos y gastos, asigna fondos a distintas categorías en función de tus prioridades y objetivos. Herramientas como las hojas de cálculo o las aplicaciones de presupuestación pueden simplificar este proceso, permitiéndote controlar y ajustar tu presupuesto en tiempo real. Aplicaciones como Empower o Rocket Money ofrecen interfaces fáciles de usar y funciones como la categorización automática de gastos y el seguimiento de objetivos. Mantener y ajustar su presupuesto es crucial para su eficacia. La vida es impredecible y su situación financiera puede cambiar debido a gastos inesperados, cambios de trabajo o cambios en las prioridades. Revisar periódicamente su presupuesto le permite hacer los ajustes necesarios, asegurándose de que sigue siendo pertinente y eficaz. Dedique un tiempo cada mes a revisar sus ingresos y gastos, identificando las áreas en las que podría necesitar recortar o en las que puede permitirse asignar más fondos. La flexibilidad es clave; un presupuesto debe ser un documento vivo que evoluciona con su panorama financiero.

Por ejemplo, si recibe un aumento de sueldo en el trabajo, puede decidir aumentar sus aportaciones al ahorro o amortizar deudas más rápidamente. Por otro lado, si surge una factura médica inesperada, es posible que tenga que reducir temporalmente los gastos discrecionales para cubrir el coste. Las aplicaciones presupuestarias pueden ser especialmente útiles para mantener esta flexibilidad. Muchas de estas herramientas ofrecen funciones como actualizaciones automáticas, alertas de gastos y categorías personalizables, lo que facilita el control de tus finanzas. Una simple hoja de cálculo también puede servir, ya que permite introducir y ajustar manualmente las cifras según sea necesario.

Hacer un presupuesto no consiste sólo en restringir los gastos, sino en tomar decisiones informadas que se ajusten a tus objetivos financieros. Comprendiendo el propósito y la importancia de elaborar un presupuesto, explorando diferentes métodos y siguiendo un proceso paso a paso para crear y mantener su presupuesto, puede lograr una mayor estabilidad financiera y tranquilidad. Recuerde, un presupuesto es una herramienta que le ayudará a controlar sus finanzas, reducir el estrés y tomar mejores decisiones para el futuro de su familia.

1.6 Creación de un plan financiero familiar

Crear un plan financiero familiar es como construir una casa. Se necesitan unos cimientos sólidos y todos los componentes esenciales para que se mantenga firme. Un plan financiero completo incluye varios elementos clave: presupuesto, ahorro, inversión y seguros. Cada elemento desempeña un papel crucial para asegurar su futuro financiero. El presupuesto le ayuda a gestionar sus gastos diarios. Ahorrar le asegura un colchón para emergencias y objetivos futuros. Invertir permite que su dinero crezca con el tiempo, y un seguro le protege contra imprevistos. Los objetivos a corto plazo pueden ser ahorrar para unas vacaciones o pagar una tarjeta de crédito, mientras que los objetivos a largo plazo pueden ser comprar una casa o planificar la jubilación.

Implicar a toda la familia en la planificación financiera es vital. Crea un sentido de responsabilidad compartida y garantiza que todos estén de acuerdo. Considere la posibilidad de celebrar reuniones familiares mensuales sobre el dinero para hablar de los objetivos y progresos financieros. Puede tratarse de una reunión relajada, quizás una noche de presupuesto con una botella de vino para las parejas o una reunión familiar con aperitivos y un juego para los niños. Estas reuniones pueden hacer que la planificación financiera sea menos desalentadora y más atractiva. También puede ser útil asignar responsabilidades financieras a distintos miembros de la familia. Por ejemplo, una persona puede ocuparse de los gastos y otra de los ahorros y las inversiones. Este enfoque colaborativo no sólo distribuye la carga de trabajo, sino que también fomenta el espíritu de equipo.

Las ventajas de tener un plan financiero son inmensas. Un plan bien elaborado puede aportar estabilidad financiera y tranquilidad. Por ejemplo, la familia Johnson utilizó un plan financiero para saldar sus deudas, crear un fondo de emergencia y ahorrar para la educación de sus hijos. Siguiendo su plan, consiguieron reducir el estrés financiero y mejorar su calidad de vida en general. Un plan financiero también ayuda a mitigar los riesgos preparándote para imprevistos. Tanto si se trata de una urgencia médica como de la pérdida repentina de un empleo, tener un plan le asegura que no le cogerá desprevenido. Le proporciona una red de seguridad que le permite afrontar las incertidumbres de la vida con confianza.

Además, un plan financiero te ayuda a centrarte en tus objetivos a largo plazo. Es fácil desviarse por deseos a corto plazo, pero un plan te recuerda lo que es verdaderamente importante. Te mantiene responsable y motivado para mantener el rumbo. Por ejemplo, si su objetivo es ahorrar para comprar una casa, su plan le indicará los pasos que debe dar, como reducir los gastos discrecionales y aumentar su tasa de ahorro. Esta claridad puede marcar una diferencia significativa en su trayectoria financiera, ayudándole a alcanzar sus sueños más rápidamente.

Implicar a toda la familia en el proceso mediante reuniones periódicas y responsabilidades asignadas puede fomentar un sentimiento de compromiso compartido. Herramientas prácticas como plantillas y hojas de trabajo pueden simplificar el proceso de planificación. Los beneficios de un plan financiero incluye la estabilidad económica, la reducción del estrés y la capacidad de afrontar las incertidumbres de la vida con confianza. Con un plan claro, puedes centrarte en tus objetivos a largo plazo y lograr tranquilidad financiera.

No pases al siguiente capítulo sin hacer lo siguiente;

1. Busca una hoja de cálculo para fijar objetivos o sigue la vieja escuela y escríbelos en un papel.
2. Clasifícalos por orden, del objetivo más próximo al más lejano
3. Celebrad una noche de dinero para comprar vuestros objetivos y poneros de acuerdo antes de seguir adelante.

Capítulo 2

Dominar las técnicas de presupuestación y ahorro

Imagínese esto: es final de mes y se encuentra comprobando frenéticamente su cuenta bancaria, preguntándose como ha gastado tanto dinero. Los niños necesitan material escolar nuevo, el coche necesita mantenimiento y las vacaciones están a la vuelta de la esquina. Este escenario es demasiado familiar para muchas familias. La buena noticia es que crear un presupuesto familiar mensual puede transformar este caos en una rutina manejable y sin estrés. Un presupuesto no es sólo una lista de números; es un plan que te ayuda a entender a qué se destina cada dólar, a priorizar tus gastos y a ahorrar para el futuro.

2.1 Presupuesto familiar mensual

Elaborar un presupuesto familiar mensual es esencial para lograr la estabilidad financiera. Piense en él como una hoja de ruta financiera que le guía a lo largo del mes, asegurándose que sabe exactamente adónde va su dinero. Una de las mayores ventajas de tener un presupuesto es la claridad que proporciona. Cuando sabes adónde va cada dólar, tienes el control. Este conocimiento le ayuda a priorizar el gasto, asegurándose de que los gastos esenciales están cubiertos antes de asignar dinero a artículos no esenciales. Por ejemplo, puede que te des cuenta de que gastas demasiado en salir a cenar fuera, lo que podrías redirigir hacia la creación de un fondo de emergencia o el pago de deudas.

El primer paso para elaborar un presupuesto familiar mensual es hacer una lista de todas tus fuentes de ingresos. No se trata sólo de tu sueldo. Asegúrate de tener en cuenta todas las fuentes de ingresos posibles, incluidos los trabajos por cuenta propia, la manutención de los hijos, las prestaciones públicas y cualquier otra actividad secundaria. Por ejemplo, si conduces para un servicio de transporte compartido o vendes artesanía en Internet, debes incluir esto ingresos. Conocer tus ingresos totales te da una idea clara de con qué tienes que trabajar cada mes, lo que te facilita asignar los fondos adecuadamente.

A continuación, identifique sus gastos fijos y variables. Los gastos fijos son los que no varían cada mes, como el alquiler o la hipoteca, los servicios públicos, el seguro y los pagos del coche. Son los gastos no negociables que debe pagar para que su hogar funcione sin problemas. Por otro lado, los gastos variables pueden fluctuar de un mes a otro. Entre ellos están los comestibles, el ocio, salir a cenar y esas compras en efectivo que a menudo se pasan por alto. El seguimiento de estos gastos puede revelar áreas en las que puede recortar gastos. Por ejemplo, si observa que gasta mucho en comida para llevar, puede decidir cocinar más en casa.

Equilibrar ingresos y gastos es crucial para evitar déficits. Empieza comparando tus ingresos totales con tus gastos totales. Si tus gastos superan a tus ingresos, es hora de hacer algunos ajustes. Una técnica eficaz para reasignar fondos para cubrir gastos esenciales es la regla 50/30/20. Asigna el 50% de tus ingresos a necesidades básicas. Asigne el 50% de sus ingresos a necesidades, el 30% a deseos y el 20% a ahorros o pago de deudas. Este método proporciona un enfoque equilibrado de la gestión de tus finanzas, asegurándote de que cubres tus necesidades esenciales al tiempo que reservas dinero para el futuro.

A la hora de recortar gastos no esenciales, empieza por lo pequeño. Busque triunfos fáciles, cómo reducir su presupuesto para salir a cenar o cancelar suscripciones que no utiliza. Estos pequeños cambios pueden acumularse con el tiempo, liberando dinero que puede dirigirse hacia objetivos más importantes. Por ejemplo, cambiar la visita diaria a una cafetería por una taza de café preparado en casa podría ahorrarle cientos de dólares al año. Además, considere la posibilidad de negociar mejores tarifas para gastos fijos como el seguro o los servicios públicos. Una simple llamada a su proveedor puede suponer un ahorro considerable.

Para facilitar este proceso, considere la posibilidad de utilizar una aplicación presupuestaria o una simple hoja de cálculo. Aplicaciones como Empower o Rocket Money pueden simplificar el seguimiento de tus ingresos y gastos, ofreciendo funciones como la categorización automática de gastos y el seguimiento de objetivos. Estas aplicaciones proporcionan una visión clara de tu situación financiera, lo que facilita la identificación de áreas de mejora y el seguimiento de tu presupuesto.

No te desesperes si estás bajo el agua; el primer paso es saber adónde va cada céntimo, y entonces podrás planear como solucionarlo. Si tienes una connotación negativa en torno a la palabra presupuesto, piensa que es la herramienta que te ayuda a gestionar el dinero. Puede que sea la primera vez que veas los números delante de ti. Así te resultará más fácil pasar a la acción y hacer algo al respecto. Revisa detalladamente tus ingresos y gastos y comprueba si hay formas de aumentarlos o reducirlos. Si tienes deudas, intenta liberar algo de efectivo para que puedas pagarlas inmediatamente o crear tu fondo de emergencia. El primer paso es verlo delante de ti en blanco y negro; ¡ahora pasemos a la acción!

2.2 Identificar y reducir gastos innecesarios

Hacer un seguimiento de sus hábitos de gasto es el primer paso para identificar y reducir los gastos innecesarios. Imagínese lo siguiente: durante un mes, anote meticulosamente cada céntimo que gasta. Puede parecer tedioso, pero es increíblemente revelador y necesario. Utiliza un diario de gastos para anotar cada compra, ya sea una taza de café o una compra rápida en el supermercado. Analizar los extractos bancarios y de las tarjetas de crédito también puede ayudarle a ver adónde va su dinero. Estos extractos proporcionan una visión global de tus patrones de gasto, permitiéndote clasificar los gastos y detectar tendencias que podrían no ser obvias en el día a día.

Una vez que empiece a hacer un seguimiento, es probable que identifique las áreas comunes en las que las familias suelen gastar más de la cuenta. Los servicios de suscripción son uno de los principales. Es fácil suscribirse a varias plataformas de streaming, revistas o aplicaciones de fitness, pero todo esto puede sumar rápidamente. Además, las compras impulsivas son otro de los culpables. Ya se trate de una oferta tentadora o de un viaje imprevisto a la tienda, estas pequeñas compras pueden afectar significativamente a tu presupuesto. Salir a cenar con frecuencia también es un gasto importante. Aunque comer fuera de vez en cuando está bien, pero convertirlo en un hábito puede acabar con su bolsillo. Estas áreas suelen ser las más fáciles de pasar por alto, pero pueden marcar una diferencia significativa cuando se abordan.

Después de analizar un mes típico de gastos, revise sus cifras. ¿Dónde está gastando más dinero? A menudo es en la vivienda, que por su naturaleza es un gasto fijo, pero ¿lo es realmente? Si estás de alquiler, podrías pedir al casero una renta semanal mejor si firmas un contrato más largo. O puedes cortar el césped o mantener la piscina para que ellos no tengan que hacerlo y, en agradecimiento, te bajen el alquiler. Si tienes una hipoteca, no hay razón por la que no puedas llamar a tu banco para pedir un descuento. Si tienes un préstamo de cuota variable, hay opciones. Echa un vistazo a NerdWallet, que compara los tipos de interés de distintos prestamistas. Te pide tu código postal y te ofrece las mejores opciones de la zona. Enumera el tipo de interés y la Tasa Anual Equivalente (TAE), que es el tipo de interés, incluidas las comisiones del préstamo, como las comisiones mensuales de mantenimiento de cuenta o las comisiones de apertura del préstamo. Compáralo con lo que pagas actualmente: ¿hay grandes diferencias? Si es así, calcula en cuánto se reducirían tus cuotas mensuales si tuvieras ese tipo de interés. Si la diferencia es grande, es hora de llamar a tu banco. Antes de llamar a tu banco, tienes que estar al corriente de tu préstamo, con ingresos y pagos puntuales. La llamada será más o menos así. "Hola banco, me gustaría hablar con su departamento de retención, ya que estoy pensando en cancelar mi préstamo hipotecario y financiarlo con un banco que me ofrezca un tipo de interés mejor". Puede que intenten resolver tu problema ellos mismos, pero sé firme y pide que te transfieran. Cuando le pongan en contacto con el departamento de retención, intente algo como esto: "Hola banco, soy cliente de este banco desde hace (inserte el número de años) y siempre me ha gustado operar aquí, pero acabo de hacer mis deberes y si me cambio a (inserte el nombre del banco con el que está comparando en NerdWallet) puedo obtener un tipo de interés de (cite el tipo de interés) que es sustancialmente diferente del que estoy obteniendo con ustedes. Quería permitirles igualar este tipo de interés; de lo contrario, creo que voy a tener que refinanciar con ellos, ya que es un ahorro sustancial. Le ofrecerán un descuento, pero en un principio no bajarán del todo, así que siga insistiendo. "Aprecio que bajes un 0,5%, pero la tasa que ofrecen sería una diferencia del 1,5%, por lo que, a menos que puedas igualarla, refinanciar con el otro banco". Una vez más, bajarán el precio, pero posiblemente no hasta el final; sigue insistiendo. No quieren perderte, y estás hablando con alguien que está autorizado a llegar a un acuerdo, así que sigue adelante. Espero que ahorres un montón de dinero haciendo esto, he tenido clientes que lo han hecho y se han ahorrado miles de dólares al año.

Si su hipoteca tiene un tipo de interés fijo, esto no es posible hasta el final del plazo fijo. No cambiarán su tasa de interés mientras esté en un plazo fijo, pero una vez que salga del plazo fijo, hay un pequeño margen de maniobra. Pero si cuando revisa los tipos de interés en NerdWallet su tipo es sustancialmente diferente del que se ofrece en el mercado, puede que merezca la pena hacer cuentas sobre si debería romper este préstamo y refinanciara otra cosa. Esto, en la mayoría de los casos, resultará en un cargo por cancelación que puede ser sustancial dependiendo de qué tan pronto se encuentre en su préstamo. Es posible que su nuevo banco se haga cargo de esta comisión y la incluya en los costes del nuevo préstamo, o puede que tenga que pagarla en efectivo para cancelar el préstamo. No se desespere todavía, siga adelante porque el ahorro mensual puede ser considerable. Si el nuevo tipo de interés puede ahorrarle 1.000 $ al mes y romper el préstamo le cuesta 5.000 $, a la larga merecerá la pena. Haga sus deberes y hable con un buen agente hipotecario que pueda ayudarle. Su agente hipotecario no debe ser del mismo banco que usted, sino que debe poder ofrecerle préstamos de varios prestamistas de su panel para que tenga muchas opciones que comparar.

Otros gastos fijos son los servicios públicos, el préstamo del coche y el seguro. Reserve 15 minutos para cada una de estas llamadas y haga lo mismo que hizo con el préstamo hipotecario. Pregunte a su proveedor de servicios públicos si tiene descuentos por pago puntual o si puede bajarle la tarifa. Lo mismo ocurre con el préstamo del coche, ¿pueden reducirme el tipo de interés o las cuotas mensuales? No alargues el préstamo para reducir las cuotas mensuales a menos que estés realmente corto de dinero, ya que lo único que consigues es alargar las cuotas y lo que queremos es pagar esa deuda lo antes posible. ¿Necesitas pagar todos los meses un préstamo para comprar un coche caro? ¿O podrías simplemente comprar un coche más barato y cambiarlo por otro más caro cuando tengas más posibilidades económicas? En cuanto al seguro, saca todas tus pólizas de seguro y utiliza una calculadora comparativa para ver si estás haciendo un buen negocio. Teclea en Google seguros de coche y podrás comparar tu seguro de coche con otros proveedores. Comprueba si estás recibiendo un buen trato o si ha llegado el momento de cambiar. De nuevo, llama al departamento de retenciones y pide una oferta mejor, ya que estás pensando en mudarte a otro sitio para ahorrar dinero. Parece que el seguro de hogar y contenido no para de subir y subir, y que te penalizan por un tornado que arrasó las casas de la gente al otro lado del país, pero no temas, una llamada a su centro de atención telefónica podría ahorrarte miles de euros. Diles que quieres ahorrar dinero en tu prima y que estás dispuesto a mudarte a otro lugar, y verás como se reducen las primas mensuales.

Espero que algunos de estos consejos te hayan servido para ahorrar dinero. No acepte un no por respuesta y siga insistiendo. Además, no tenga miedo de hacer estas llamadas telefónicas, ya que le ahorrarán dinero, y eso va directamente a su cartera. Podría ayudar a ahorrar para unas vacaciones o para pagar deudas. Es mejor que vaya a tu bolsillo, así que adelante, ¡tú puedes!

A continuación, analice sus gastos variables. Mira lo que estás gastando en cada área y haz una revisión. ¿Son tus gastos superiores a tus ingresos mensuales? Entonces esto es un problema y puede ser la razón por la que estás viviendo de las tarjetas de crédito. Tus gastos te están mirando en blanco y negro, así que puede que sea el momento de ajustar algunos de estos gastos a la baja. Si estás gastando 1.000 dólares al mes en comida y también gastas 1.000 dólares en salir a cenar, puede que sea demasiado. ¿Cuánto le cuesta el café de la mañana? ¿Puede prepararse el café en casa o llevarse la comida a casa algunos días a la semana?

Para reducir estos gastos, empieza por poner límites. Para salir a comer fuera, decide un presupuesto mensual inferior al que gastas ahora y cíñete a él. Tal vez te permitas una o dos comidas fuera al mes y planifiques comidas en casa para el resto. Cancelar las suscripciones que no utilices es otra forma sencilla de ahorrar dinero. Haz una lista de todas tus suscripciones y pregúntate si realmente las utilizas. Si no es así, cancelas. Muchos servicios ofrecen sencillas opciones de cancelación en línea, y es fácil hacer streaming durante un mes cada vez. Prueba a tener Netflix un mes y luego Prime otro. Otro que veo mucho son las suscripciones a gimnasios. No me malinterpretes, ¡ir al gimnasio es genial si lo estás usando! Si no lo estás usando, cancélalo y prueba aplicaciones gratuitas como Nike Training Club o Calibre, o sal a caminar al aire libre. Recortar estos gastos puede liberar fondos para cosas más importantes, como el ahorro o el pago de deudas.

Hazlo durante un mes y vuelve a controlar tus gastos al mes siguiente. ¿Cuánto has ahorrado? Más adelante hablaremos de qué hacer con ese dinero extra, pero te felicito por haber actuado y ahorrado.

Comprender los aspectos psicológicos del gasto también puede ayudarle a gestionar mejor sus finanzas. Los desencadenantes emocionales suelen impulsar las compras innecesarias. Tal vez compre cuando está estresado, tiene hambre o se siente deprimido. Reconocer estos desencadenantes es el primer paso para superarlos. Las técnicas para gastar de forma consciente pueden ayudarte a tomar decisiones más meditadas. Por ejemplo, antes de hacer una compra, pregúntate si realmente lo necesitas o si se trata de una compra emocional. Tomarse un momento para reflexionar puede evitar las compras impulsivas. Otra técnica es la regla de las 24 horas: espere un día antes de hacer una compra que no sea esencial. A menudo se le pasará el impulso de comprar y ahorrará dinero.

Si controlas tus gastos diarios, comprenderás mejor tus hábitos de gasto. Utiliza herramientas como Rocket Money o un diario de gastos y analiza tus extractos bancarios y de tarjeta de crédito para saber adónde va tu dinero. Algunas de estas aplicaciones están vinculadas a tus cuentas bancarias y te facilitan el seguimiento. Identifica las áreas en las que sueles gastar de más, como los servicios de suscripción, las compras impulsivas y salir a cenar fuera con frecuencia. Aplique estrategias prácticas para reducir estos gastos, como poner límites a las salidas a cenar y cancelar las suscripciones que no utilice. Reconocer los aspectos psicológicos del gasto puede ayudarle aún más a gestionar sus finanzas. Comprenda sus desencadenantes emocionales y adopte técnicas de gasto consciente para tomar decisiones financieras más deliberadas.

2.3 Estrategias para ahorrar en las compras cotidianas

Las compras inteligentes cambian las reglas del juego para cualquier familia que quiera estirar más su presupuesto. Una de las mejores formas de sacar el máximo partido a tu dinero es comparar precios antes de comprar. Ya sea para comprar alimentos, ropa o aparatos electrónicos, merece la pena comparar precios. Sitios web como PriceGrabber y Google Shopping pueden ayudarte a comparar precios entre diferentes minoristas, asegurándote de que consigues la mejor oferta. Además, estate atento a las rebajas, promociones especiales y descuentos pueden ahorrarle una cantidad significativa con el tiempo. Utilizar cupones y códigos de descuento también puede suponer un ahorro. Sitios web como RetailMeNot y PayPal Honey ofrecen una plétora de códigos para varias tiendas en línea. Incluso un pequeño descuento puede suponer una gran diferencia si se aplica con regularidad: y no se olvide de las ofertas especiales en línea y las opciones de entrega gratuita. Servicios como Amazon Prime no sólo ofrecen envíos rápidos, sino también acceso a ofertas y descuentos exclusivos. En conjunto, estos pequeños pasos pueden suponer un ahorro considerable.

Otra estrategia eficaz es comprar a granel. Comprar a granel puede suponer un ahorro considerable, sobre todo en artículos de uso habitual, como menaje, alimentos no perecederos y artículos de aseo. Tiendas como Costco y Sam 's Club ofrecen artículos a granel a precios unitarios más bajos, lo que las convierte en una opción inteligente para las familias. Por ejemplo, comprar un paquete grande de papel higiénico o productos enlatados puede ser mucho más barato por unidad que comprar cantidades más pequeñas con frecuencia. Sin embargo, es esencial asegurarse de que los artículos que compra a granel son cosas que utilizará antes de que caduquen. De lo contrario, podrías acabar malgastando dinero en lugar de ahorrarlo. Esté atento a las ofertas a granel de artículos como pasta, arroz y productos de limpieza, que tienen una larga vida útil y se utilizan con regularidad. Los programas de devolución de dinero y recompensas son otra forma excelente de ahorrar en las compras cotidianas. Los programas de recompensas de las tarjetas de crédito pueden ofrecer devoluciones en efectivo, puntos o millas por cada dólar gastado. Estas recompensas pueden canjearse por abonos en cuenta, viajes o incluso tarjetas regalo.

Por ejemplo, si utiliza una tarjeta de crédito con devolución en efectivo para comprar alimentos y gasolina, puede obtener un porcentaje de devolución en cada compra, que se acumula con el tiempo. Además, aplicaciones de cashback como Rakuten y Honey pueden utilizarse para compras online. Estas aplicaciones te devuelven un porcentaje de tu compra en efectivo, que puedes canjear a través de PayPal o en forma de cheque. Acumulando estas recompensas con rebajas y descuentos, puede maximizar su ahorro. Cuando se trata de ahorrar en servicios públicos y gastos domésticos, hay varias formas de hacerlo.

Las principalese medidas que puede adoptar. Las prácticas de ahorro energético pueden reducir considerablemente las facturas mensuales. Cambios sencillos como cambiar a bombillas LED, utilizar electrodomésticos de bajo consumo y desenchufar los aparatos cuando no se usan pueden suponer un ahorro sustancial. Yo ahorré 1.000 dólares al año apagando la lavadora y la secadora en la pared después de terminar cada carga e instalando interruptores de bajo consumo en casa. Además, piense en negociar mejores tarifas para servicios como Internet, telefonía móvil y cable. Muchos proveedores están dispuestos a ofrecer descuentos para retener a sus clientes. Merece la pena llamar anualmente a sus proveedores de servicios para pedir mejores tarifas o explorar planes más asequibles. Valore si sigue necesitando un teléfono fijo en caso de tener móvil, ya que reducir este gasto puede ahorrarle dinero cada mes.

Otra forma creativa de aumentar tus ingresos es utilizar Airbnb. Si te sobra espacio, plantéate alquilar una habitación de tu casa. Esto puede generar ingresos adicionales que puede utilizar para pagar su hipoteca u otros gastos. Del mismo modo, si viaja con frecuencia, alquilar su casa mientras está fuera puede ayudarle a cubrir los gastos de su viaje.

Por último, considere la posibilidad de compartir la vivienda con un compañero. Este arreglo puede reducir significativamente sus gastos de vivienda, facilitando el ahorro para otros objetivos financieros. Compartir gastos como el alquiler, los servicios y la comida puede liberar una parte sustancial de tu presupuesto. Es esencial elegir cuidadosamente a un compañero de piso para garantizar la compatibilidad y evitar posibles conflictos. Si sigues estos pasos, podrás sacar el máximo partido a tu dinero, reducir gastos innecesarios y construir un futuro financiero más seguro para ti y tu familia.

2.4 Cómo crear un fondo de emergencia con un presupuesto ajustado

¿Sabía que el 68% de los estadounidenses no tiene ahorrado más de un mes de gastos si perdiera su trabajo hoy mismo? Un fondo de emergencia es un colchón financiero que puede darle tranquilidad. Imagínese tener que hacer frente a facturas médicas inesperadas, reparaciones del coche, una pérdida repentina del trabajo o una gotera en el tejado sin el estrés añadido de preguntarse como lo pagará. Contar con un fondo de emergencia significa disponer de un colchón financiero para afrontar estos gastos imprevistos, lo que le permite hacer frente a las sorpresas de la vida sin descarrilar su plan financiero general. Se trata de tener la seguridad de saber que puedes hacer frente a lo que venga sin endeudarte.

Empezar poco a poco e ir aumentando gradualmente es la clave para crear un fondo de emergencia, sobre todo si tienes un presupuesto ajustado. Incluso los pequeños ahorros pueden crecer con el tiempo. Empieza reservando una pequeña cantidad cada semana. Piense en ello como si se pagará a usted mismo primero. Puedes empezar con 5 o 10 dólares a la semana. Aunque esto pueda parecer insignificante, va sumando. Por ejemplo, ahorrar 10 dólares a la semana se traduce en 520 dólares al año. Un método eficaz es utilizar botes de monedas. Cada vez que te den cambio, ponlo en un tarro. A final de mes, deposita ese dinero en tu fondo de emergencia. Es sorprendente lo rápido que pueden acumularse pequeñas cantidades. Encontrar dinero extra para añadir a tu fondo puede ser más fácil de lo que crees. Busca en tu casa objetos que ya no utilices o necesites. Vender en Internet los objetos que no usas puede reportarte un dinero extra. Plataformas como eBay, Facebook Marketplace o incluso tiendas de consignación locales son buenos sitios para empezar. Además, considera la posibilidad de aceptar un trabajo secundario o freelance. Ya sea pasear al perro, hacer de canguro, dar clases particulares o escribir como autónomo, estos trabajos extra pueden aumentar tus ingresos. Si tu horario te lo permite, trabajar más horas en tu empleo actual también puede proporcionar fondos extra. Estos ingresos extra pueden canalizarse directamente a tu cuenta de emergencia fondo, acelerando su crecimiento.

Decidir dónde guardar su fondo de emergencia es crucial. El objetivo es tener acceso rápido a tu dinero cuando lo necesites, pero también quieres que devengue algún interés. Las cuentas de ahorro de alto rendimiento son una gran opción. Ofrecen mejores tipos de interés que las cuentas de ahorro normales, lo que permite que tu dinero crezca más rápido sin dejar de ser fácilmente accesible. Muchos bancos en línea ofrecen cuentas de ahorro de alto rendimiento con tipos competitivos y sin requisitos de saldo mínimo. Otra opción son las cuentas del mercado monetario. Estas cuentas también ofrecen tipos de interés más altos e incluyen la posibilidad de girar cheques, lo que facilita el acceso a su dinero en caso de emergencia. Sólo tienes que asegurarte de que vas a cumplir sus criterios de depósito mínimo; de lo contrario, no obtendrás los beneficios de los intereses.

Asegurarse de que su fondo de emergencia es fácilmente accesible pero sigue devengando intereses es una decisión financiera inteligente. Las cuentas de ahorro de alto rendimiento y las cuentas del mercado monetario ofrecen lo mejor de ambos mundos. Mantienen su dinero seguro al tiempo que le permiten crecer. Recuerde que el objetivo de un fondo de emergencia es ser una red de seguridad financiera. No se trata de obtener grandes rendimientos, sino de disponer del dinero cuando más lo necesite. Por eso no recomiendo invertir este dinero en acciones, ya que si se te estropea el calentador de agua y necesitas acceso inmediato al dinero, tendrás que vender acciones a la baja, lo que puede encontrarse en una situación deficitaria.

Crear un fondo de emergencia puede parecer desalentador, sobre todo si ya tienes mucho trabajo, pero los pequeños pasos pueden marcar una gran diferencia. Empieza reservando pequeñas cantidades cada semana, y tu dinero crecerá con el tiempo. Busca formas creativas de conseguir dinero extra, como vender objetos que no utilices o hacer trabajos extra. Elige el lugar adecuado para guardar tus fondos, como cuentas de ahorro de alto rendimiento o cuentas del mercado monetario, para asegurarte de que tu dinero sea accesible y genere intereses. Si tienes hijos, puedes hacerles partícipes del proceso colocando, por ejemplo, un gráfico de ahorros en la nevera, para ahorrar

1.000 dólares y coloréalo cada vez que deposites dinero. Hice esto con mi hijo cuando estaba ahorrando para unas vacaciones y cada vez que ingresaba dinero en el fondo hablábamos de ello, le felicitamos y hablábamos de como iba a ahorrar el resto y para cuándo.

2.5 Automatizar el ahorro para garantizar la coherencia

Imagine establecer un sistema en el que sus ahorros crezcan sin que usted tenga que pensar en ello. Eso es lo bueno del ahorro automatizado. La automatización puede ayudarle a aumentar sus ahorros de forma constante eliminando el esfuerzo y la toma de decisiones de la ecuación. Al establecer transferencias automáticas desde tu nómina o cuenta bancaria, te aseguras de que el dinero se ahorre antes de que tengas la oportunidad de gastarlo. Este método aprovecha el principio de "pagarse a uno mismo primero", haciendo que ahorrar sea tan rutinario como pagar las facturas. Muchas familias han tenido éxito con este método, ya que les permite ahorrar sin complicaciones a lo largo del tiempo. Establecer transferencias automáticas es sencillo y a menudo puede hacerse a través de las funciones en línea de su banco. Para empezar, acceda a su cuenta de banca electrónica y vaya a la sección de configuración de transferencias. Normalmente, puede programar estas transferencias para que se produzcan en fechas concretas, como el día siguiente al ingreso de su nómina. Así te aseguras de que una parte de tus ingresos van directamente a una cuenta de ahorro antes de que puedas gastarlos. Además, hay aplicaciones como Raíz y Digit que pueden facilitar el ahorro automático. Raíz redondea tus compras al dólar más cercano e invierte la diferencia en una cuenta bancaria o en acciones, mientras que Oportun analiza tus hábitos de gasto y transfiere pequeñas cantidades de dinero que no echarás de menos en una cuenta de ahorro. Estas herramientas facilitan el ahorro sin que te des cuenta.

La constancia en el ahorro es crucial, ya que las pequeñas aportaciones periódicas pueden aumentar considerablemente con el tiempo. El poder del interés compuesto lo hace posible. Por ejemplo, si ahorra 100 $ al mes con un tipo de interés anual del 5%, verá como sus ahorros crecen hasta más de 6.800 $ en cinco años. Cuanto más tiempo deje crecer el dinero, más se beneficiará del interés compuesto. Esto significa que empezar a ahorrar pronto, incluso en pequeñas cantidades, puede tener un impacto sustancial en su futuro financiero. Automatizar sus ahorros garantiza que estas aportaciones se producen con regularidad, sin que tenga que acordarse de hacer las transferencias cada mes.

Mantener y ajustar los ahorros automáticos es tan importante como establecerlos. Es una buena idea revisar periódicamente tus objetivos de ahorro para asegurarte de que siguen estando en consonancia con tu situación financiera y tus objetivos. Si recibe un aumento de sueldo en el trabajo, considere la posibilidad de aumentar la cantidad que transfiere automáticamente a sus ahorros. De este modo, sus ahorros crecerán en proporción a sus ingresos. Revisar periódicamente sus ahorros automáticos le garantiza que siguen satisfaciendo sus necesidades y objetivos. Puede que descubra que puede permitirse ahorrar más o que necesita ajustar su tasa de ahorro para tener en cuenta los cambios en sus gastos. Muchas aplicaciones bancarias y herramientas de ahorro ofrecen funciones que facilitan el ajuste de los importes y calendarios de las transferencias.

Incorporar estas prácticas a su rutina financiera puede marcar una diferencia significativa. Los ahorros automatizados eliminan la tentación de dejar de ahorrar en favor de los deseos inmediatos. Crean un enfoque disciplinado para crear un fondo de emergencia. Con herramientas como la banca electrónica y aplicaciones como Raíz y Oportun, establecer y mantener un ahorro automático nunca ha sido tan fácil. Revisar y ajustar regularmente tus ahorros garantiza que sigan el ritmo de tu crecimiento financiero. Al hacer que el ahorro sea automático, te aseguras de que estás trabajando constantemente hacia tus objetivos financieros, construyendo un futuro seguro para tu familia sin el estrés de las transferencias manuales cada mes.

2.6 Utilización de aplicaciones presupuestarias para la gestión financiera

En la era digital actual, las aplicaciones presupuestarias se han convertido en herramientas inestimables para las familias que desean gestionar sus finanzas de forma más eficaz. Estas aplicaciones simplifican el proceso de seguimiento de ingresos y gastos, el establecimiento de objetivos financieros y el control del presupuesto. Entre las más populares se encuentran Empower, YNAB (You Need A Budget) y EveryDollar. Cada una de estas aplicaciones ofrece características únicas adaptadas a diferentes necesidades financieras, lo que facilita a las familias encontrar una que se adapte a su estilo de vida.

Empower es una completa aplicación de seguimiento financiero que ofrece una serie de funciones para ayudarte a gestionar tu dinero. Se conecta a tus cuentas bancarias, tarjetas de crédito y otras instituciones financieras, clasificando automáticamente tus transacciones. Esto significa que puedes ver todas tus finanzas en un solo lugar, lo que facilita el seguimiento de los gastos y la identificación de áreas en las que puedes ahorrar. Empower también ofrece herramientas presupuestarias, recordatorios de facturas e incluso un seguimiento gratuito de la puntuación crediticia, lo que te da una visión completa de tu salud financiera. Es una excelente opción para las familias que buscan una herramienta de gestión financiera "todo en uno" y actualmente es gratuita.

YNAB, o You Need A Budget (Necesitas un presupuesto), adopta un enfoque diferente con su método de presupuesto basado en cero. Esto significa que asignas cada dólar de tus ingresos a categorías específicas, asegurándote de que tus ingresos menos tus gastos son iguales a cero. La filosofía de YNAB es ayudarte a vivir con los ingresos del mes anterior, lo que puede cambiar las reglas del juego para las familias que intentan romper el círculo vicioso de vivir de cheque en cheque. La aplicación ofrece sincronización en tiempo real entre dispositivos, lo que permite a todos los miembros de la familia mantenerse al día sobre el presupuesto. También proporciona recursos educativos para ayudarte a mejorar tus conocimientos financieros. YNAB es perfecta para los que quieren un enfoque más práctico del presupuesto y se comprometen a hacer que cada dólar cuenta. Tiene una cuota de suscripción mensual, actualmente de 14,99 $ al mes, así que asegúrate de tenerlo en cuenta en tus gastos.

EveryDollar, creado por el gurú de las finanzas Dave Ramsey, está diseñado pensando en la sencillez. Es especialmente eficaz para las familias que quieren salir de deudas y para cualquiera que empiece de cero. La aplicación utiliza un sistema de presupuesto basado en cero, pero se centra en gran medida en el pago de la deuda. Puedes configurar categorías, haz un seguimiento de tus gastos y comprueba cuánto estás progresando en tus objetivos de pago de deudas. La versión premium incluso ofrece sincronización de cuentas bancarias, por lo que es más fácil de realizar un seguimiento de sus transacciones. EveryDollar es ideal para las familias que se toman en serio la eliminación de la deuda y quieren una herramienta presupuestaria sencilla y fácil de usar. Actualmente cuesta 12,99 $ al mes.

Monarch Money es otra opción sólida que ofrece un seguimiento financiero completo. Permite añadir a miembros de la familia con inicios de sesión independientes, proporcionando un panel financiero compartido al que todos pueden acceder. Monarch Money se centra en los objetivos y progresos futuros, ayudando a las familias a mantener el rumbo de sus planes financieros a largo plazo. La aplicación no tiene publicidad y da prioridad a la seguridad, garantizando la protección de sus datos financieros. Monarch Money es una excelente opción para las familias que quieren un enfoque colaborativo para la gestión de sus finanzas y actualmente cuesta 14,99 $ al mes.

Credit Karma, aunque es conocido principalmente por el seguimiento de las puntuaciones de crédito, también ofrece herramientas de gestión financiera. Proporciona información sobre la salud de tu crédito, ayudándote a entender como tus actividades financieras afectan a tu puntuación crediticia. La aplicación ofrece recomendaciones personalizadas para mejorar tu crédito, así como alertas para cualquier cambio significativo. Credit Karma es un gran complemento para una aplicación de presupuesto principal, ya que proporciona herramientas adicionales para ayudarle a mantener un perfil de crédito saludable. También tiene un gran sitio web que cuenta con calculadoras de comparación para préstamos hipotecarios y préstamos para automóviles.

Configurar estas aplicaciones es sencillo y puede agilizar considerablemente tu gestión financiera. Empieza por descargar la aplicación que elijas y crear una cuenta. El siguiente paso es vincular tus cuentas bancarias, tarjetas de crédito y otras cuentas financieras. Esto permite a la aplicación importar automáticamente sus transacciones, ahorrando la molestia de tener que introducirlas manualmente. Una vez vinculadas las cuentas, configura las categorías de tu presupuesto. Por ejemplo, comestibles, servicios públicos, ocio y ahorros. La mayoría de las aplicaciones ofrecen categorías preestablecidas, pero puedes personalizarlas para adaptarlas a las necesidades específicas de tu familia.

Revisar regularmente los datos de tu aplicación es crucial para mantenerte al tanto de tus finanzas. Programa revisiones semanales para controlar tus gastos y asegurarte de que te mantienes dentro de tu presupuesto. Estas comprobaciones pueden ser tan sencillas como echar un vistazo a tu aplicación mientras disfrutas de tu café matutino. Las revisiones mensuales de dinero también son esenciales. Durante estas revisiones, analice detenidamente sus patrones de gasto, ajuste las categorías de su presupuesto si es necesario y revise sus objetivos. Este compromiso continuo le ayudará a rendir cuentas y a tomar decisiones financieras con conocimiento de causa. Intente organizar una cita nocturna para revisarlo o una cena con la familia, de modo que todos puedan participar y comprometerse. Es una gran oportunidad para enseñar a tus hijos responsabilidad financiera, ya que no la aprenderán en la escuela.

El uso de aplicaciones presupuestarias puede transformar la forma en que gestionas las finanzas de tu familia. Aplicaciones como Empower, YNAB, Every Dollar, Monarch Money and Credit Karma ofrecen características únicas que se adaptan a diferentes necesidades financieras. Configurar estas aplicaciones implica vincular tus cuentas y personalizar las categorías presupuestarias, lo que hace que el proceso sea fluido y eficiente. Revisar con regularidad los datos de tu aplicación te asegura mantenerse en el buen camino, permitiéndote hacer ajustes y establecer nuevos objetivos según sea necesario. Adoptar estas herramientas digitales puede simplificar la gestión financiera, dándote más control sobre tu dinero y ayudándote a alcanzar tus objetivos financieros. Si no te gustan las aplicaciones digitales, sigue la vieja escuela y haz el seguimiento en una hoja de cálculo o en papel.

Mientras pasamos al siguiente capítulo sobre la gestión de la deuda, recuerde que la elaboración de un presupuesto es la base de la estabilidad financiera. Con un presupuesto sólido, estarás mejor preparado para afrontar otros retos financieros y construir un futuro seguro para tu familia.

No pases al siguiente capítulo sin hacer lo siguiente;

1. Enumerar sus gastos e ingresos mensuales o crear una aplicación para hacerlo
2. Lluvia de ideas para aumentar tus ingresos
3. Busca formas de reducir tus gastos si son demasiado elevados
4. Establecer un presupuesto mensual y realizar su seguimiento

5. Llame a su banco si tiene un préstamo hipotecario para solicitar una reducción del tipo de interés si tiene un préstamo hipotecario a tipo variable

6. Investiga las opciones de refinanciación con tu agente hipotecario si tienes un préstamo hipotecario fijo, incluso si existen tarifas de ruptura

7. Llame a su compañía eléctrica para solicitar un descuento

8. Revise sus seguros y llame para solicitar un descuento

9. Establezca transferencias automáticas desde su banca electrónica

10. Cancele algunos servicios de suscripción que ya no necesita o una costosa suscripción al gimnasio.

11. Abre una cuenta de ahorro de alto rendimiento, si aún no tienes una, para depositar tu fondo de emergencia.

Vamos, sé que puedes hacerlo. Estos pasos pueden llevarte un tiempo, pero créeme, estas llamadas merecerá la pena.

Bien, ahora que ya has hecho el trabajo duro, sigamos adelante.

Capítulo 3

Gestión y eliminación de deudas Estrategias

Imagínatelo: acabas de acostar a los niños y, mientras te sientas con una taza de té, sacas un montón de facturas. La idea de ordenarlas te parece abrumadora. No es el único. Las deudas pueden parecer un gran peso y dificultar la búsqueda de una salida. Sin embargo, comprender los distintos tipos de deuda y como gestionarlos puede suponer una gran diferencia.

3.1 Conozca los distintos tipos de deuda

Las deudas se presentan de muchas formas, y conocer las diferencias puede ayudarte a afrontarlas con mayor eficacia. Empecemos por la deuda garantizada. La deuda garantizada requiere que pongas un activo como garantía. Esto significa que si no devuelves el préstamo, el prestamista puede quedarse con el activo. Algunos ejemplos comunes son las hipotecas y los préstamos para coches. Por ejemplo, si tienes una hipoteca, tu casa es la garantía. Si dejas de pagar, el banco puede embargar. Del mismo modo, con un préstamo para un coche, el propio vehículo garantiza la deuda. Al haber menos riesgo para el prestamista, los préstamos garantizados suelen tener tipos de interés más bajos.

Por otro lado, la deuda sin garantía no requiere aval. Estos préstamos se conceden en función de tu solvencia y tu promesa de reembolso. Las tarjetas de crédito, los préstamos estudiantiles y los préstamos personales son ejemplos clásicos. Con la deuda no garantizada, el prestamista no tiene ningún activo que pueda embargar si usted no cumple con sus obligaciones, lo que hace que estos préstamos sean más riesgosos para los prestamistas. como consecuencia, suelen tener tipos de interés más altos. Por ejemplo, las deudas de tarjetas de crédito pueden tener tipos de interés superiores al 20%, lo que puede aumentar rápidamente si sólo haces los pagos mínimos.

Los tipos de interés desempeñan un papel crucial en el coste total de los préstamos. Las deudas con intereses altos, como las tarjetas de crédito y algunos préstamos para coches, pueden dispararse sin control si no se gestionan adecuadamente. Imagina que tienes un saldo de 5.000 dólares en una tarjeta de crédito con un tipo de interés del 20%. Si sólo haces los pagos mínimos, podrías tardar años en pagarla y te costaría miles de euros en intereses. En cambio, las deudas a bajo interés, como los préstamos estudiantiles y los préstamos hipotecarios, le cuestan menos con el tiempo. Por ejemplo, un préstamo hipotecario con un tipo de interés del 4% es mucho más manejable y menos costoso a largo plazo que una deuda con intereses altos.

Saber qué deudas priorizar es esencial para una gestión eficaz de la deuda. Las deudas prioritarias son las que tienen consecuencias más graves si no se pagan. Las hipotecas o el alquiler deben ser las primeras de la lista. El impago de estas deudas puede llevar a la ejecución hipotecaria o al desahucio, una crisis a la que ninguna familia quiere enfrentarse. Las facturas de servicios públicos también entran en esta categoría. Si no se pagan, se corre el riesgo de perder servicios esenciales como el agua, la electricidad y la calefacción. Los impuestos son otra prioridad crítica. El impago de impuestos puede acarrear sanciones, intereses e incluso acciones legales.

Para hacer un seguimiento de tu deuda, es útil utilizar herramientas que puedan organizar y clasificar todo. Una hoja de cálculo de seguimiento de deudas puede ser una herramienta sencilla pero eficaz. Empieza por hacer una lista de todas tus deudas, incluyendo el acreedor, el saldo, el tipo de interés y el pago mínimo. Esta representación visual te ayudará a tener una visión de conjunto y a priorizar los pagos. Las herramientas y aplicaciones en línea para la gestión de deudas también pueden simplificar este proceso. Aplicaciones como Debt Payoff Planner o Undebt.it pueden ayudarte a seguir tu progreso, establecer objetivos y crear un plan de pago personalizado.

Organizar su deuda es el primer paso para tomar el control. Si conoce las diferencias entre deudas garantizadas y no garantizadas, reconoce el impacto de las deudas con intereses altos frente a las deudas con intereses bajos e identifica las deudas prioritarias, podrá crear un plan de acción claro. Este enfoque le ayudará a gestionar su deuda actual y a sentar las bases de la estabilidad financiera y la tranquilidad de cara al futuro. Pagar su deuda es una prioridad y debe hacerse mientras comienza a ahorrar para su fondo de emergencia.

Voy a repasar los métodos que te ayudarán a pagar tus deudas y, con suerte, a liberarte de ellas antes. Estos métodos son;

- El método de amortización de deudas: primero se amortiza la deuda más pequeña
- El método del acelerador de deudas: primero se paga el tipo de interés más alto.
- Contactar con sus proveedores de deuda

3.2 El método de reducción de la deuda: Pequeñas victorias, grandes recompensas

Cuando estás enterrado bajo una montaña de deudas, puede parecer imposible ver una salida. El Método de Reducción de Deudas ofrece una forma de hacer frente a esa montaña paso a paso. La idea es sencilla: se empieza por pagar primero las deudas más pequeñas, independientemente de los tipos de interés. Este enfoque puede parecer contradictorio, pero tiene grandes ventajas psicológicas. Pagar primero las deudas más pequeñas te proporciona victorias rápidas, que pueden ser increíblemente motivadoras. Estas victorias tempranas crean impulso y le dan confianza para afrontar deudas mayores. Es como eliminar primero los obstáculos más pequeños, que hacen que los más grandes parecen más manejables.

Para poner en práctica el Método de Reducción de Deudas, empieza por hacer una lista de todas tus deudas, de menor a mayor. No se trata sólo de números, sino de crear un plan de ataque claro. Una vez que tengas la lista, haz los pagos mínimos de todas tus deudas excepto de la más pequeña. La razón por la que debes realizar todos los pagos mínimos mensuales es que, si no lo haces, también te cargarán una comisión por demora u otras comisiones fijas, lo que no hace sino aumentar el saldo de tu deuda. Por lo tanto, es fundamental que realices el pago mínimo mensual y que lo hagas puntualmente todos los meses. Dedica todos tus fondos extra a pagar esta deuda más pequeña. La idea es liquidar lo antes posible. Una vez pagada, coge el dinero que estabas destinando a ella y aplícalo a la siguiente deuda más pequeña de tu lista. Repite este proceso. A medida que eliminas cada deuda, la cantidad que puedes destinar a la siguiente crece, como una bola de nieve que rueda colina abajo y acumula más nieve.

Los ejemplos de la vida real pueden ser increíblemente inspiradores a la hora de pagar deudas. Brian y Lindsey Allan, por ejemplo. Utilizaron el Método de Reducción de Deudas para saldar 130.000 dólares en préstamos estudiantiles en sólo cuatro años. Vivieron de forma frugal, establecieron un presupuesto estricto y se centraron primero en las deudas más pequeñas. Su historia es un testimonio del poder de las pequeñas victorias y la disciplina presupuestaria. Otro ejemplo es el de la familia Smith, que se enfrentaba a deudas de tarjetas de crédito, préstamos médicos y de automóvil. Siguiendo el Método de Reducción de Deudas, consiguieron saldar una deuda de 50.000 dólares en tres años. Estas historias demuestran que es posible alcanzar la libertad financiera con determinación y un plan claro.

Para empezar con el Método de Reducción de Deudas, necesitarás algunas herramientas que te ayuden a mantenerte organizado y motivado. Las calculadoras de amortización de deudas pueden ser increíblemente útiles. Estas herramientas en línea te permiten introducir tus deudas y ver un plan detallado para saldarlas. Te muestran cuánto tiempo tardarás en liberarte de las deudas y cuántos intereses ahorrarás por el camino. Las tablas de seguimiento imprimibles también pueden ser un gran recurso. Estos gráficos te permiten hacer un seguimiento visual de tu progreso, proporcionándote un recordatorio tangible de lo lejos que has llegado. Colócalas en un lugar visible, como la nevera o junto a tu escritorio, para mantenerte motivado.

Además de calculadoras y gráficos, considera la posibilidad de utilizar aplicaciones diseñadas para la gestión de deudas. Aplicaciones como Undebt.it y Debt Payoff Planner ofrecen funciones adaptadas al método de pago de deudas. Proporcionan recordatorios, realizan un seguimiento de los pagos e incluso ofrecen consejos de motivación para mantener el rumbo. Estas herramientas pueden simplificar el proceso y facilitar el compromiso. Recuerde que la clave del éxito con el Método de Reducción de Deudas es la constancia. Acostúmbrese a revisar sus deudas y pagos con regularidad. Celebre cada pequeña victoria y aproveche ese impulso para seguir avanzando.

Este es mi método menos favorito de los tres de los que hablaremos, pero como se ha mencionado, tiene un beneficio psicológico realmente grande cuando se ha pagado una deuda. Al demostrar que puedes hacerlo, utilizas ese impulso para seguir adelante y pagar la siguiente deuda. En la aplicación Undebt.it hay un panel de Plan de Pago que muestra, basándose en cada método de pago diferente, qué estrategia pagará tu deuda más rápido. Compara estos métodos para tomar una decisión informada.

3.3 El Método Acelerador de la Deuda: Reducir los costes de los intereses

Cuando te enfrentas a una montaña de deudas, es crucial tener una estrategia que minimice la carga financiera. El Método Acelerador de Deudas se centra en pagar primero las deudas con intereses altos, lo que puede ahorrarle una cantidad significativa de dinero con el tiempo. A diferencia del Método de Reducción de Deudas, que da prioridad a las pequeñas ganancias pagando primero las deudas más pequeñas, el Método Acelerador de Deudas se centra en las deudas que le cuestan más en intereses. Este enfoque puede reportar importantes beneficios financieros, ya que la reducción de los costes por intereses permite destinar más dinero a la amortización del principal.

Para empezar con el Método del Acelerador de Deudas, empieza por enumerar todas tus deudas de mayor a menor tipo de interés. Sus deudas no incluyen el pago mensual del préstamo del coche, a menos que se haya retrasado en este pago. Esta lista será su hoja de ruta. Realice los pagos mínimos de todas sus deudas excepto de la que tenga el tipo de interés más alto. Aplique cualquier fondo extra que tenga a esta deuda con el interés más alto. Si se concentra primero en la deuda más cara, reducirá el interés total que paga, lo que puede acelerar su camino para liberarse de las deudas. Una vez pagada la deuda con el interés más alto, pase a la siguiente más alta y continúe con este proceso hasta que haya eliminado todas sus deudas.

Las ventajas financieras a largo plazo del Método Acelerador de Deuda son impresionantes. Al saldar primero las deudas con intereses elevados, se reduce la cantidad total de intereses que paga a lo largo de la vida de sus préstamos. Esto puede suponer un ahorro considerable. Por ejemplo, si tiene 10.000 dólares en deudas de tarjetas de crédito con un tipo de interés del 20%, pagarlas primero puede ahorrarle cientos o incluso miles de dólares en comparación con pagar primero las deudas con intereses más bajos. Los gráficos comparativos de la aplicación Undebt.it pueden mostrar los diferentes métodos y cuánto pagará en cada uno de ellos, la cantidad total que pagará y cuándo quedará saldada. Imagina dos escenarios: uno en el que sigues el Método de Amortización de Deudas y otro en el que utilizas el Método Acelerador de Deudas. El coste total de la deuda y el tiempo que se tarda en pagar pueden ser muy diferentes, y el Método del Acelerador de Deuda suele salir ganando en términos de ahorro y rapidez.

Casos reales de éxito ponen de relieve la eficacia del Acelerador de Deuda Método. Tomemos el caso de la familia Carter. Tenían varias deudas, entre ellas tarjetas de crédito, un préstamo para el coche y préstamos estudiantiles. Centrándose primero en la deuda de la tarjeta de crédito con mayor interés, consiguieron ahorrar más de 5.000 dólares en intereses. Empezaron por hacer una lista de todas sus deudas, anotando los tipos de interés y los saldos. A continuación, concentraron todos sus fondos extra en la tarjeta de crédito con el tipo de interés más alto, mientras hacían pagos mínimos en las demás. Una vez pagada esa deuda, pasaron a la siguiente más alta, liquidando finalmente todas sus deudas mucho más rápido de lo que creían posible en un principio.

Otro ejemplo es el de la familia Martínez, que se enfrentaba a una agobiante deuda de tarjetas de crédito junto con un préstamo personal de alto interés. Utilizaron el Método Acelerador de Deudas para hacer frente a sus deudas de forma estratégica. Al centrarse primero en el préstamo personal, que tenía un tipo de interés del 25%, evitaron pagar miles de euros en intereses. Después de pagar el préstamo personal, dirigieron sus esfuerzos a la deuda de la tarjeta de crédito, que tenía un tipo de interés ligeramente inferior. Este método les permitió saldar sus deudas en un tiempo récord y ahorrar una cantidad significativa en intereses.

Para que el Método Acelerador de Deudas funcione en tu caso, considera la posibilidad de utilizar herramientas que te ayuden a mantenerte organizado y motivado. Las aplicaciones de pago de deudas como Debt Payoff Planner o Undebt.it te permiten introducir tus deudas, tipos de interés y pagos mínimos. Estas aplicaciones pueden calcular el plan de pago óptimo y mostrarte cuántos intereses ahorrarás con el tiempo. También disponen de herramientas de visualización con gráficos de progreso, que muestran cuándo se liquidará tu deuda. Ver como disminuye tu deuda y aumentan tus ahorros en intereses puede darte el ánimo que necesitas para seguir con el plan.

Poner en práctica el Método Acelerador de Deudas requiere disciplina y constancia. Empiece por enumerar sus deudas de mayor a menor tipo de interés, realice pagos mínimos en todas las deudas excepto en la de mayor interés y aplique fondos adicionales a esa deuda. Los beneficios financieros a largo plazo, incluido un importante ahorro en intereses, hacen que este método sea muy eficaz. Historias reales de éxito, como las de las familias Carter y Martínez, demuestra lo poderosa que puede ser esta estrategia. Esta es la mejor manera de pagar su deuda, pero asegúrese de incluir estos pagos mínimos mensuales de la deuda en su presupuesto que abordamos en el Capítulo 2.

3.4 Cómo afrontar eficazmente las deudas de las tarjetas de crédito

Las deudas de tarjetas de crédito con intereses elevados pueden descontrolarse rápidamente y provocar un estrés financiero considerable. Imagina que tienes un saldo de 5.000 dólares en una tarjeta de crédito con un tipo de interés anual del 20%. Si sólo realiza los pagos mínimos, podría tardar más de una década en pagarla, lo que le costaría miles de euros en intereses. Esto se debe a que los pagos mínimos cubren principalmente los intereses y apenas tocan el capital. Con el tiempo, los intereses se acumulan, haciendo que tu deuda aumente aunque realices pagos regulares. Es como intentar llenar un cubo con un agujero: por mucho que eches, parece que nunca se llena.

Bien, ahora voy a pedirte que te pongas incomodo. Sí, ¡volverás a hacer llamadas telefónicas! Una vez que tenga su resumen de la deuda, que enumera su deuda, los pagos mínimos mensuales, y las tasas de interés de esta deuda, entonces tenemos que averiguar un plan de juego. Si tiene una tarjeta de crédito con una TAE (Tasa Anual Equivalente) elevada, tendremos que intentar negociarla. Investigue un poco antes de llamar a NerdWallet. Haga clic en tarjetas de crédito y luego en transferencia de saldo. Esto listará las tarjetas de crédito de transferencia de saldo disponibles. Esto supone que usted tiene buen crédito y puede solicitar esta nueva tarjeta. Puede hacer dos cosas: llamar al proveedor de su tarjeta de crédito actual y pedir que le den una reducción de la tasa, o pedirles que paguen su tasa de interés. Si no están interesados en ayudarte, solicita esta tarjeta de transferencia de saldo al 0% de interés. Esto reducirá tus pagos a sólo pagar el principal sin intereses. Si tienes mal crédito, negociar con el proveedor de la tarjeta de crédito es tu única opción, así que sé educado y diles que entiendes que les debes dinero y que quieres encontrar la manera de hacerlo de la forma más rápida, pero quesí pueden ayudarte a reducir el tipo de interés, será de gran ayuda. Es probable que le ayuden a reducir el tipo de interés si ha estado realizando los pagos mínimos mensuales. Si pueden ayudarte a actualizar la TAE y los pagos mínimos, introducelos en la hoja de cálculo de deudas que estés utilizando o en una de las aplicaciones.

Si acaba obteniendo una nueva tarjeta de crédito de transferencia de saldo, una vez que el saldo se haya trasladado a la nueva tarjeta de crédito, cancele la antigua y despídase de esa tarjeta que le endeudó. Actualiza la TAE y los pagos mínimos en la aplicación que utilices para hacer el seguimiento de tu deuda. A continuación, es probable que mueva sus reembolsos para pagar otras deudas. Este es un gran movimiento para disminuir sus pagos mensuales y en última instancia, hacer una gran diferencia en el pago de su deuda más rápido.

Otra opción es transferir la deuda de la tarjeta de crédito al préstamo hipotecario, si se dispone de capital. Esto puede reducir significativamente el tipo de interés, ya que los préstamos hipotecarios suelen tener tipos mucho más bajos que las tarjetas de crédito. Tendrá que solicitar un aumento de su préstamo hipotecario, por lo que deberá ponerse en contacto con su banco o agente para organizarlo. Una vez más, esto depende de que tengas una buena puntuación crediticia y este proceso llevará un poco de tiempo, ya que pueden necesitar una nueva tasación de tu casa y todo el papeleo y las aprobaciones que se requieren. Tenga en cuenta que esto aumentará los pagos de su préstamo hipotecario, así que asegúrese de incluir este aumento en su presupuesto mensual.

Cambiar los hábitos de gasto es crucial para prevenir futuras deudas de tarjetas de crédito. Recortar o congelar las tarjetas de crédito puede ayudar a evitar la tentación de gastar. Si las tarjetas están fuera de la vista y es difícil acceder a ellas, es menos probable que las utilice para compras no esenciales.

Cambiar a un presupuesto de sólo efectivo también puede cambiar las reglas del juego. Cuando usas dinero en efectivo, ves físicamente el dinero que sale de tus manos, lo que te hace ser más consciente de tus gastos. Establece un presupuesto para categorías como alimentación, ocio y cenas fuera de casa. Retira la cantidad asignada en efectivo al principio de cada mes y comprométete a gastar sólo lo que tengas. Este método puede resultar un poco más difícil en nuestra actual economía sin dinero en efectivo.

Para mantener el rumbo, utiliza herramientas y recursos diseñados para gestionar las deudas de las tarjetas de crédito. Las calculadoras de amortización de tarjetas de crédito pueden ser increíblemente útiles. Estas herramientas te permiten introducir tu saldo, el tipo de interés y el pago mensual para ver cuánto tardarás en saldar tu deuda. También pueden mostrarte como aumentar tus pagos puede acortar tu plazo de amortización y reducir el interés total pagado. Las aplicaciones de presupuestos, como Empower, son excelentes para controlar los gastos de las tarjetas de crédito. Estas aplicaciones le permiten establecer presupuestos, categorizar gastos y supervisar sus gastos en tiempo real, tal y como explicamos en el Capítulo 2. Ver sus patrones de gasto puede ayudarle a ahorrar dinero. Ver sus patrones de gasto puede ayudarle a identificar áreas de mejora y a mantenerse dentro de su presupuesto.

La incorporación de estas estrategias y herramientas puede marcar una diferencia significativa en la gestión y reducción de la deuda de las tarjetas de crédito. Si comprende los peligros de las deudas con intereses elevados, adopta nuevos hábitos de gasto y utiliza herramientas prácticas, podrá tomar el control de su situación financiera. Este enfoque no sólo le ayudará a saldar la deuda existente, sino que también sentará las bases para unos hábitos financieros más saludables de cara al futuro.

3.5 Estrategias para gestionar los préstamos estudiantiles

Los préstamos estudiantiles pueden ser una carga importante, pero conocer los tipos de préstamos y las opciones de reembolso disponibles puede hacer que su gestión sea más llevadera. Los préstamos federales y los privados son los dos tipos principales de préstamos estudiantiles. Los préstamos federales son emitidos por el gobierno y se presentan en varias formas. Los Préstamos Directos con Subsidio se basan en la necesidad y el gobierno paga los intereses mientras estás en la escuela. Los Préstamos Directos No Subvencionados no se basan en la necesidad, y eres responsable de todos los intereses, incluso mientras estás en la escuela. Los Préstamos PLUS están disponibles para estudiantes de posgrado y padres de estudiantes universitarios, y tienen tipos de interés más altos pero ofrecen mayores límites de préstamo. Los préstamos privados, por su parte, son emitidos por bancos, cooperativas de crédito u otras instituciones financieras. Suelen tener tipos de interés más altos y condiciones de reembolso más estrictas. Comprender estas diferencias es crucial a la hora de planificar tu estrategia de reembolso.

Los préstamos federales para estudiantes cuentan con varias opciones de reembolso diseñadas para adaptarse a diferentes situaciones financieras. El Plan de Reembolso Estándar distribuye los pagos a lo largo de diez años con cantidades mensuales fijas, lo que puede suponer un reto pero ahorra dinero en intereses. Los Planes de Reembolso en función de los Ingresos (IDR, por sus siglas en inglés) ajustan sus pagos en función de sus ingresos y del tamaño de su familia, haciéndolos más manejables si sus ingresos son bajos. Estos planes, como el Income- Based Repayment (IBR) o el Pay As You Earn (PAYE), pueden ampliar el periodo de amortización a 20 ó 25 años, pero el saldo restante puede ser condonado al final. La Condonación de Préstamos del Servicio Público (PSLF) es otra opción para quienes trabajan en empleos de servicio público que reúnan los requisitos. Después de realizar 120 pagos que cumplan los requisitos, se condona el saldo restante del préstamo, lo que supone un alivio importante para quienes trabajan en el sector público.

Refinanciar y consolidar préstamos son estrategias que pueden simplificar los pagos y reducir las tasas de interés. La refinanciación consiste en obtener un nuevo préstamo con un tipo de interés más bajo para pagar los préstamos existentes, lo que puede ahorrarle dinero con el tiempo. Sin embargo, refinanciar los préstamos federales con un prestamista privado significa perder el acceso a los planes federales de amortización y a los programas de condonación, lo cual es un inconveniente importante. La consolidación de préstamos federales a través de un Préstamo Directo de Consolidación le permite combinar varios préstamos federales en un único préstamo con un tipo de interés fijo. Esto puede simplificar sus pagos, pero puede resultar en una tasa de interés ligeramente más alta. Sopesar los pros y los contras de cada opción es esencial para determinar la mejor estrategia para su situación.

Equilibrar los pagos de los préstamos estudiantiles con otros objetivos financieros puede ser difícil, pero no imposible. No olvides incluir tus préstamos estudiantiles en la calculadora de deudas o en la aplicación que utilices para que se incluyan en tu resumen de deudas y puedan incluirse en los pagos de tus deudas cada mes. Crear un presupuesto que incluya los pagos de tus préstamos es crucial. Empieza por hacer una lista de tus ingresos y todos los gastos, incluidos los pagos de tus préstamos estudiantiles, de los que hablamos en el Capítulo 2. Gestionar los préstamos estudiantiles a la vez que se ahorra para otros objetivos requiere una planificación cuidadosa y disciplina. Recuerda que cada pequeño paso que des para gestionar tus préstamos estudiantiles y ahorrar para el futuro te acercará a la estabilidad financiera y la tranquilidad.

3.6 Cómo evitar las trampas habituales de la deuda

Navegar por el panorama financiero puede ser complicado, y es fácil caer en las trampas habituales del endeudamiento. Los préstamos de día de pago son una de esas trampas que pueden convertirse rápidamente en una pesadilla financiera. Estos préstamos ofrecen dinero rápido, pero vienen con tipos de interés exorbitantes, que a veces superan el 400% TAE. Crean un ciclo de endeudamiento del que es difícil escapar. Las familias a menudo recurren a los préstamos de día de pago en momentos de desesperación, pensando que serán una solución a corto plazo, sólo para encontrarse atrapados por los altos costos y la imposibilidad de pagar a tiempo. Intenta evitar estos préstamos en la medida de lo posible.

Los contratos de alquiler con opción a compra son otro escollo. Aunque puedan parecer una opción atractiva para adquirir muebles o aparatos electrónicos sin necesidad de comprobar el crédito, a la larga acaban costando mucho más. La comodidad de los pagos semanales ocultan la realidad de que al final del contrato se pagará bastante más que el precio de venta al público del artículo. Estos acuerdos explotan a las familias que no disponen de dinero en efectivo por adelantado o de acceso al crédito tradicional, encerrándose en costosos contratos.

Las opciones de crédito "compre ahora y pague después" son cada vez más populares, especialmente en las compras por Internet. Aunque escalonar los pagos a lo largo de varios meses puede aliviar las tensiones financieras inmediatas, las elevadas cuotas mensuales y la posibilidad de no pagar (incluidas las comisiones de penalización) pueden acarrear problemas financieros. Estos planes no suelen requerir una verificación de crédito, lo que los hace accesibles pero arriesgados. Si no se efectúa un pago, las cuotas pueden acumularse rápidamente, convirtiendo una compra aparentemente manejable en una carga financiera.

Las emociones y los comportamientos desempeñan un papel importante a la hora de caer en estas trampas de la deuda. El estrés y la desesperación pueden nublar el juicio y llevarnos a tomar malas decisiones financieras. Cuando uno está preocupado por llegar a fin de mes, la tentación del dinero rápido de un préstamo de día de pago o el atractivo de los contratos de alquiler con opción a compra pueden ser difíciles de resistir. La ansiedad financiera puede hacer que te sientas acorralado, empujándome hacia opciones que parecen soluciones inmediatas pero que son perjudiciales a largo plazo.

Para evitar estas trampas, considere la posibilidad de buscar asesoramiento financiero antes de contraer nuevas deudas. Los asesores financieros pueden proporcionarle una orientación objetiva, ayudándole a explorar todas sus opciones y a comprender las implicaciones a largo plazo de sus decisiones. Los recursos comunitarios y los programas de asistencia pueden ofrecer ayuda sin los elevados costes asociados a los préstamos de día de pago o a los contratos de alquiler con opción a compra. Si tienes dificultades para cubrir tus necesidades, consulta los bancos de alimentos locales, los programas de asistencia para el pago de los servicios públicos o las ayudas para la vivienda. Estos recursos pueden proporcionar un alivio temporal, dándote tiempo para encontrar soluciones más sostenibles.

Una de las estrategias más sencillas y eficaces para evitar las trampas del endeudamiento es adoptar la siguiente mentalidad: si no tienes el dinero, no lo compres. Este planteamiento requiere disciplina, pero puede salvarte del ciclo de la deuda. No se endeude por un nuevo vestuario ni por gastos discrecionales como una bicicleta nueva o electrodomésticos de cocina. Se trata de un gasto despreocupado que sólo debe realizarse cuando se haya saldado la deuda. Ahorre para las grandes compras en lugar de recurrir a opciones de crédito de alto coste. Crear un fondo de emergencia también puede servir de amortiguador, reduciendo la tentación de recurrir a préstamos de día de pago o a planes de "compre ahora y pague después" cuando surgen gastos imprevistos.

Los ejemplos de la vida real pueden servir de inspiración y aportar ideas prácticas. Tomemos el caso de la familia Thompson, que se vio atrapada en un ciclo de préstamos de día de pago. Pidieron ayuda a un asesor financiero que les ayudó a crear un presupuesto, priorizar sus deudas y encontrar recursos alternativos. Con el tiempo, pagaron sus préstamos de día de pago y empezaron a ahorrar. Del mismo modo, la familia Horton evitó la trampa de los contratos de alquiler con opción a compra ahorrando para sus compras. Utilizaron una combinación de presupuesto y recursos comunitarios para satisfacer sus necesidades sin caer en costosos contratos.

Evitar las trampas habituales del endeudamiento implica reconocer las trampas, comprender los factores psicológicos en juego y aplicar estrategias prácticas para evitarlas. Buscar asesoramiento financiero, explorar los recursos de la comunidad y adoptar un enfoque disciplinado del gasto pueden ayudarle a evitar las opciones de crédito de alto coste que conducen a problemas financieros a largo plazo. Aprendiendo de las experiencias de los demás, podrá navegar por el panorama financiero con más prudencia y construir un futuro seguro para su familia. Lo ideal es que, a partir de los consejos de este libro y de los de otras personas de su entorno, pueda formarse y educarse para tomar mejores decisiones financieras en el futuro y crear un futuro financiero convincente.

Navegar por el mundo de las deudas puede ser todo un reto, pero comprender los distintos tipos de deuda, las estrategias de reembolso eficaces y como evitar las trampas más comunes puede marcar una diferencia significativa. Después de terminar este capítulo, deberías tener un plan de juego sólido para pagar tu deuda, con una fecha final concreta de cuándo se pagará. Mientras tanto, minimice sus gastos y concéntrese en pagar su deuda lo más rápido posible.

No pases al siguiente capítulo sin hacer lo siguiente;

1. Elige una de las aplicaciones, Undebt.it y Debt Payoff Planner, o hazlo a la vieja usanza y haz una hoja de cálculo o escribe en papel, y haz una lista de tus deudas. Enumera el saldo, la TAE y el pago mínimo mensual
2. Del Capítulo 2, entienda cuánto puede comprometerse a pagar tu deuda sin ponerte bajo presión financiera. Sacrificios como cancelar un servicio de streaming pueden ayudarle a pagar la deuda más rápido o ingresos adicionales
3. Paga tu deuda todos los meses y haz un seguimiento en la aplicación que decidas utilizar
4. A menudo tienen una representación gráfica de cuánto debes y la fecha en que lo pagarás. Imprímelo y pégalo en la nevera para que toda la familia pueda verlo y participar
5. Llame a sus proveedores de deuda y solicite una reducción de tipos
6. Solicite, si es posible, una nueva tarjeta de crédito con transferencia de saldo

A medida que avanzamos, vamos a explorar como invertir sabiamente y construir un futuro financiero sólido para usted y su familia.

Capítulo 4

Conceptos básicos de inversión familiar

Imagínese lo siguiente: Estás sentado con tu familia alrededor de la mesa y tu hijo adolescente te pregunta si quieres ahorrar para la universidad. De repente te das cuenta de que, aparte de tu cuenta de ahorro habitual, no tienes un plan claro para hacer crecer tu dinero. Esta situación es habitual en muchas familias. Invertir puede parecer intimidante, pero es una de las formas más eficaces de crear riqueza a largo plazo y asegurar su futuro financiero.

4.1 Introducción a la inversión: Por qué es importante

Invertir es crucial para el crecimiento financiero a largo plazo. A diferencia del ahorro, en el que el dinero se queda en una cuenta bancaria ganando unos intereses mínimos, la inversión permite que el dinero crezca a un ritmo mucho más rápido. La inflación, que es el aumento gradual de los precios a lo largo del tiempo, puede erosionar el poder adquisitivo de sus ahorros. Por ejemplo, si ahorras 10.000 dólares hoy, ese dinero podría valer sólo 7.000 dólares en términos de poder adquisitivo dentro de 20 años. Sin embargo, si inviertes esos mismos 10.000 dólares, tienen el potencial de crecer significativamente, superando a la inflación y aumentando su riqueza.

Considere un escenario de la vida real: si hubiera invertido 1.000 dólares en una cartera de acciones diversificada hace 30 años, esa inversión podría valer hoy más de 16.000 dólares, suponiendo una rentabilidad media anual del 10%. Este crecimiento se debe al poder del interés compuesto, por el que tus ganancias generan aún más ganancias con el tiempo. Invertir pronto te permite aprovechar este poder, aumentando significativamente tu patrimonio a lo largo de las décadas.

Empezar pronto es una de las mejores ventajas que puedes darte a la hora de invertir. Cuanto antes empiece, más tiempo tendrá su dinero para crecer. Por ejemplo, si empiezas a invertir 200 $ al mes a los 25 años con una rentabilidad media anual del 7%, podrías tener más de 500.000 $ cuando tengas 25 años.

65. Si esperas a tener 40 años para empezar a invertir la misma cantidad, sólo tendrías unos 120.000 dólares a los 65 años. El tiempo en el mercado es un poderoso aliado, ya que permite que tus inversiones crezcan exponencialmente.

Los gráficos que muestran el crecimiento de las inversiones iniciadas a distintas edades pueden ser reveladores. Ilustran claramente como empezar pronto puede dar lugar a rendimientos mucho mayores. Por ejemplo, un gráfico puede mostrar que una inversión iniciada a los 25 años crece mucho más que una iniciada a los 40, aunque las aportaciones mensuales sean las mismas. Esta representación visual puede ser una poderosa motivación para empezar a invertir cuanto antes.

Muchas personas evitan invertir porque creen que es demasiado arriesgado o complicado. Sin embargo, invertir no tiene por qué ser ni lo uno ni lo otro. Un error muy común es creer que invertir es como apostar. Mientras que el juego se basa en el azar, la inversión se basa en la investigación, la estrategia y el tiempo. Otro mito es que se necesita mucho dinero para empezar a invertir. En realidad, puede empezar con pequeñas cantidades e ir aumentando gradualmente sus inversiones a medida que se sienta más comodo. Muchas plataformas de inversión le permiten empezar con tan solo $50.

Es esencial cambiar de mentalidad y considerar la inversión como una parte necesaria de la planificación financiera. Invertir no es sólo una opción; es un paso crucial para asegurar su futuro financiero. Las familias que invierten de forma inteligente pueden alcanzar la seguridad financiera, lo que les permite afrontar gastos importantes como la compra de una vivienda, la financiación de la educación y disfrutar de la jubilación. Por ejemplo, la familia Shirley empezó a invertir pequeñas cantidades cada mes a los 30 años. Con el tiempo, sus inversiones crecieron, permitiéndoles pagar la educación universitaria de sus hijos y jubilarse comodamente.

Los expertos financieros insisten a menudo en la importancia de invertir. Warren Buffett, uno de los inversores con más éxito de todos los tiempos, dijo célebremente: "El mercado de valores está diseñado para transferir dinero del activo al paciente". Esta cita pone de relieve la importancia de la paciencia y el pensamiento a largo plazo en la inversión. El poder del interés compuesto, como lo llamó Albert Einstein, es "la octava maravilla del mundo". Comprender y utilizar este principio puede influir significativamente en su futuro financiero.

Invertir es esencial para crear riqueza a largo plazo y asegurar su futuro financiero. Si empieza pronto, podrá beneficiarse del interés compuesto y hacer crecer su dinero significativamente con el tiempo. No se deje frenar por ideas erróneas. Invertir es accesible y puede hacerse con pequeñas cantidades. Cambiar de mentalidad para ver la inversión como un paso necesario en su plan financiero le pondrá en el camino hacia la seguridad financiera. Sólo debería invertir una vez que haya pagado sus deudas y constituido su fondo de emergencia.

4.2 ¿Qué son las acciones, los bonos y los fondos de inversión?

Cuando compra acciones, está adquiriendo una pequeña parte de una empresa, lo que se conoce como una acción. Poseer una acción significa participar en los futuros beneficios y pérdidas de la empresa. Piense que posee una pequeña parte de la empresa. Si la empresa va bien, el valor de sus acciones puede aumentar y usted puede recibir dividendos, es decir, pagos a los accionistas procedentes de los beneficios de la empresa. Pensemos, por ejemplo, en empresas tan conocidas como Apple o Amazon. Si hubiera comprado acciones de estas empresas hace una década, su inversión podría haber crecido significativamente debido a sus buenos resultados a lo largo de los años. Las acciones pueden ser una poderosa forma de hacer crecer su patrimonio, pero conlleva riesgos, ya que su valor puede fluctuar en función de los resultados de la empresa y de las condiciones del mercado.

Los bonos, por otra parte, son esencialmente préstamos que usted concede a una empresa o a un gobierno a cambio de pagos regulares de intereses. Cuando compra un bono, está prestando dinero al emisor durante un periodo determinado. A cambio, el emisor le paga intereses, normalmente dos veces al año, y le devuelve la cantidad principal al final del plazo del bono. Los bonos del Estado se consideran más seguros porque son respaldados por el gobierno. Los bonos del Tesoro de EE.UU., por ejemplo, se consideran inversiones de muy bajo riesgo. Los bonos corporativos son emitidos por empresas y suelen ofrecer tipos de interés más altos, pero conllevan más riesgo. Los bonos generan ingresos a través de estos pagos de intereses, lo que los convierte en una inversión más estable pero de menor rentabilidad en comparación con las acciones.

Los fondos de inversión reúnen el dinero de varios inversores para comprar una cartera diversificada de acciones, bonos u otros valores. Esta agrupación permite a los inversores poseer una pequeña parte de muchas inversiones diferentes, reduciendo el riesgo mediante la diversificación. En lugar de poner todos los huevos en la misma cesta, los fondos de inversión reparten el dinero entre varios activos. Esta diversificación puede ayudar a mitigar el impacto de los malos resultados de una sola inversión. Los fondos de inversión más populares, como el Vanguard 500 Index Fund, siguen el rendimiento del S & P 500, proporcionando exposición a 500 de las mayores empresas estadounidenses. Estos fondos tienen un historial de rendimientos estables a largo plazo, lo que los convierte en una opción popular para que muchos inversores empiecen a invertir.

Cada uno de estos instrumentos de inversión -acciones, bonos y fondos de inversión- tiene diferentes perfiles de riesgo y rentabilidad. Las acciones suelen ofrecer mayores rendimientos potenciales, pero conllevan un mayor riesgo. Son adecuadas para inversores con un horizonte temporal más largo que puedan capear los altibajos del mercado. Es necesario investigar un poco sobre la empresa para saber si es una buena acción para comprar. Los bonos, aunque ofrecen menores rendimientos, proporcionan más estabilidad e ingresos regulares, por lo que son ideales para los inversores conservadores o los que se acercan a la jubilación. Los fondos de inversión ofrecen un equilibrio entre ambos al proporcionar diversificación, lo que puede reducir el riesgo sin dejar de ofrecer una rentabilidad razonable. Son una buena opción para quienes prefieren invertir sin intervención, ya que están gestionados por gestores profesionales.

Elegir la combinación adecuada de estas inversiones depende de sus objetivos financieros, su tolerancia al riesgo y su horizonte de inversión. Por ejemplo, una familia joven que ahorra para la universidad puede dar prioridad a las acciones por su mayor potencial de crecimiento. En cambio, una familia próxima a la jubilación podría inclinarse más por los bonos por su estabilidad e ingresos. Los fondos de inversión pueden ser un componente básico de cualquier cartera, ya que ofrecen una inversión diversificada que se ajusta a diversos objetivos financieros. Comprender estas opciones le ayuda a tomar decisiones informadas, garantizando que sus inversiones respalden sus objetivos financieros a largo plazo y su edad al comenzar.

4.3 El poder del interés compuesto

El interés compuesto es uno de los conceptos más poderosos de la inversión. Es el interés calculado tanto sobre el principal inicial como sobre los intereses acumulados de períodos anteriores. A diferencia del interés simple, que sólo se calcula sobre el principal, el interés compuesto hace crecer su dinero a un ritmo acelerado. Imagina que inviertes 1.000 $ a un tipo de interés anual del 5%. Con el interés simple, ganarías 50 $ cada año. Pero con el interés compuesto, ganarías 50$ en el primer año, y luego intereses sobre 1.050 $ en el segundo año, lo que da como resultado 52,50 $, y así sucesivamente. Con el tiempo, este efecto de capitalización puede dar lugar a un crecimiento exponencial, muy superior al interés simple.

Entender por qué el interés compuesto es crucial para invertir a largo plazo es clave para crear riqueza. Comparemos dos situaciones: una en la que inviertes 10.000 $ con interés simple y otra con interés compuesto. Con un interés simple del 5%, su inversión crece hasta los 15.000 $ en 10 años. Esto supone que retiras los intereses devengados cada año. Sin embargo, con el interés compuesto al mismo tiempo, su inversión crece hasta aproximadamente 16,470 $. Los gráficos pueden ayudar a visualizar este crecimiento. Un gráfico que compare las inversiones con y sin interés compuesto muestra claramente la curva exponencial de las inversiones compuestas. Ejemplos de la vida real lo ilustran mejor; pensemos en alguien que empezó a invertir 200 $ al mes a los 25 años. A los 65 años, con una rentabilidad media anual del 7%, sus inversiones podrían crecer hasta más de 500.000 $, gracias al interés compuesto.

Los ejemplos prácticos hacen más cercano el concepto de interés compuesto. La regla del 72 es una forma sencilla de calcular el tiempo que tardará una inversión en duplicarse. Dividiendo 72 por la tasa de rendimiento anual, se obtiene el número de años que tardará. Por ejemplo, con una rentabilidad anual del 6%, su inversión tardaría aproximadamente 12 años en duplicarse (72/6=12). Los cálculos que muestran el valor futuro de las inversiones periódicas también pueden ser esclarecedores. Si inviertes 100 $ mensuales con un rendimiento anual del 7%, tendrás unos 120.000$ al cabo de 30 años. Estos cálculos ponen de relieve la importancia de invertir con regularidad y constancia.

Empezar pronto es crucial para maximizar los beneficios del interés compuesto. Cuanto más tiempo tenga su dinero para crecer, más espectacular será el efecto compuesto. Los estudios de casos muestran grandes diferencias entre los inversores tempranos y los tardíos. Por ejemplo, Emma y Tom. Emma empieza a invertir 200 $ al mes a los 25 años, mientras que Tom lo hace a los 40. Ambos pretenden jubilarse a los 65 años. Ambos pretenden jubilarse a los 65 años. Emma acaba teniendo más de 500.000 $, mientras que Tom tiene unos 120.000 $. Esta diferencia subraya la importancia del tiempo en la creación de riqueza. Pero no se desespere si no ha empezado a invertir pronto, más vale tarde que nunca. Los padres también pueden enseñar a sus hijos el interés compuesto desde el principio. Animales a ahorrar una parte de su paga o del dinero de los regalos. Enséñeles como sus ahorros pueden crecer con el tiempo mediante gráficos y calculadoras sencillas. Esta educación temprana puede encaminarse hacia el éxito financiero.

4.4 Diversificar su cartera de inversiones

Piense en sus inversiones como en una dieta equilibrada. Del mismo modo que no comería un solo tipo de alimento en cada comida, no debería invertir todo su dinero en un solo tipo de inversión. La diversificación consiste en distribuir las inversiones entre distintos activos para reducir el riesgo. Imagínese tener una cartera compuesta exclusivamente por acciones durante una caída del mercado. El valor de su cartera podría desplomarse, causando un estrés financiero significativo. Sin embargo, si su cartera incluye una mezcla de acciones, bonos, bienes inmuebles y otros activos, la caída en un área podría verse compensada por la estabilidad o las ganancias en otra. Las carteras diversificadas tienden a ser más resistentes durante las fluctuaciones del mercado, proporcionando una red de seguridad que le ayuda a capear las tormentas financieras.

A la hora de diversificar su cartera, es esencial incluir una variedad de tipos de activos. Las acciones, con su potencial de alto rendimiento, son una opción habitual. Los bonos, que ofrecen más estabilidad e ingresos regulares, compensan el riesgo de las acciones. Incluir inversiones internacionales puede diversificar aún más su cartera. Estas inversiones le exponen a diferentes economías y mercados, reduciendo su dependencia de los resultados de su economíapaís de origen.

Por ejemplo, mientras que el mercado estadounidense puede estar a la baja, los mercados europeos o asiáticos pueden estar funcionando bien, ayudando a equilibrar su cartera global. Todo esto significa comprar potencialmente acciones y fondos de inversión en otros mercados de valores del mundo, como en Londres, Hong Kong o Australia. Hasta que tenga un poco más de experiencia, puede dejar esto inicialmente y concentrarse en el mercado bursátil estadounidense.

Equilibrar el riesgo y la rentabilidad mediante la diversificación implica crear una cartera que se ajuste a su tolerancia al riesgo. Cada persona tiene un nivel de tolerancia al riesgo diferente, y es fundamental que conozca el suyo. Las herramientas y cuestionarios de evaluación del riesgo pueden ayudarle a determinar su tolerancia al riesgo. Estas herramientas le hacen preguntas sobre sus objetivos financieros, el plazo de inversión y como reacciona ante la volatilidad del mercado. En función de sus respuestas, le ofrecen información sobre los tipos de inversión que más le convienen. Vanguard tiene un buen cuestionario para inversores en su sitio web, en la sección de recursos y formación. Por ejemplo, si tiene una baja tolerancia al riesgo, podría centrarse más en los bonos y menos en las acciones. Por el contrario, si se siente comodo con un riesgo más alto, una mayor parte de su cartera podría estar en acciones.

Mantener una cartera diversificada requiere una gestión continua. Equilibrar periódicamente la cartera garantiza que se mantenga en línea con su tolerancia al riesgo y sus objetivos financieros. Con el tiempo, algunas inversiones pueden crecer más rápido que otras, desequilibrando la cartera. Por ejemplo, si sus acciones rinden excepcionalmente bien, podrían ocupar un porcentaje de su cartera mayor del que usted pretendía inicialmente. El reequilibrio consiste en vender algunos de los activos con mejores resultados y comprar más activos con peores resultados para restablecer la distribución de activos deseada. Este proceso puede parecer contraintuitivo, pero ayuda a mantener el nivel de riesgo con el que se siente comodo. O puede significar que, cuando invierta más dinero, lo destine a una inversión más conservadora para equilibrarlo de ese modo.

Pongamos un ejemplo práctico. Cuando inviertes por primera vez, tienes 10.000 dólares para invertir. Invierten 6.000 $ en acciones de Amazon, 2.000 $ en bonos del Estado y 2.000 $ en un fondo de inversión. Este es un perfil de riesgo con el que te sientes comodo: 60% acciones, 20% bonos y 20% fondos de inversión. En los últimos 5 años, el precio de las acciones de Amazon ha crecido un 105%, mientras que el de los bonos del Estado se ha mantenido estable. Los bonos han crecido un 3,65% y el fondo de inversión Vanguard ha crecido un 10%. Así que los 10.000 dólares iniciales que se asignaron en 6.000 dólares en acciones de Amazon,

2.000 $ en bonos del Estado y 2.000 $ en un fondo de inversión en 5 años son ahora 12.300 $ en acciones de Amazon, 2.392 $ en bonos del Estado y 3.221 $ en fondos de inversión. Así que tu cartera ha pasado de 10.000 a 17.913 dólares: ¡buen trabajo! Pero ahora tus acciones han pasado del 60% de tu cartera (6.000 $ divididos por 10.000 $) al 69% (12.300 $ divididos por 17.913 $), los bonos del Estado del 20% al 13% y los fondos de inversión del 20% al 18%. ¿Vende algunas de sus acciones de Amazon y compra más bonos del Estado? Le han funcionado bien, pero al hacer esto se queda con la parte positiva que ya ha recibido y con ninguna de las negativas. Si vende algunas de estas acciones, se trata de un hecho imponible, por lo que tendrá que pagar impuestos sobre el beneficio obtenido. Otra opción podría ser que si añade más dinero a su cartera de inversiones, como le voy a mostrar a continuación, podría optar por comprar más bonos del Estado y esto le ayudaría a equilibrar su cartera sin vender ninguna acción de Amazon.

Utilizar fondos indexados de bajo coste para la diversificación es un enfoque práctico. Los fondos indexados siguen la evolución de un índice de mercado, como el S & P 500, y ofrecen una amplia exposición al mercado a bajo coste. Proporcionan una diversificación instantánea porque incluyen una amplia gama de activos en un único fondo. Por ejemplo, invirtiendo en un fondo indexado al S & P 500, estará expuesto a 500 de las mayores empresas de EE.UU., lo que reduce el riesgo asociado a la rentabilidad de una sola empresa. Los bajos ratios de gastos de los fondos indexados hacen que una mayor parte de su dinero permanece invertido, lo que hace que su patrimonio crezca con el tiempo.

Diversificar su cartera de inversiones consiste en distribuir sus inversiones entre distintos activos para reducir el riesgo y aumentar los beneficios potenciales. Incluir una combinación de acciones, bonos, bienes inmuebles, materias primas e inversiones internacionales crea una cartera equilibrada que puede soportar las fluctuaciones del mercado. Los reajustes periódicos garantizan que su cartera se mantenga alineada con sus objetivos, y el uso de fondos indexados de bajo coste ofrece una forma sencilla de lograr una amplia diversificación.

4.5 Invertir en fondos indexados de bajo coste

Hablemos de los fondos indexados. Son tipos de fondos de inversión diseñados para imitar el rendimiento de un índice de mercado, como el S & P 500. Cuando invierte en un fondo indexado, su dinero se reparte entre todas las empresas del índice. Cuando invierte en un fondo indexado, su dinero se reparte entre todas las empresas del índice. Esta diversificación ayuda a reducir el riesgo. A diferencia de los fondos gestionados activamente, en los que un gestor selecciona valores para tratar de batir al mercado, los fondos indexados simplemente tratan de igualar la rentabilidad del mercado. Esto significa que requieren menos gestión y, por tanto, tienen comisiones más bajas. Los fondos de gestión activa suelen conllevar costes más elevados debido a la necesidad de investigación y gestión, pero no siempre superan al mercado.

Los fondos indexados de bajo coste son una gran opción para los inversores principiantes. Una de sus principales ventajas es la reducción de las comisiones en comparación con los fondos de gestión activa. Estas comisiones, conocidas como ratios de gastos, pueden mermar su rentabilidad con el tiempo. Por ejemplo, un fondo de gestión activa puede cobrar un 1% anual, mientras que un fondo indexado puede cobrar tan sólo un 0,03%. A lo largo de décadas, este ahorro puede ser considerable. Los datos históricos lo corroboran: los fondos indexados han superado sistemáticamente a muchos fondos de gestión activa a largo plazo. Las comisiones más bajas y la amplia exposición al mercado los convierten en una opción atractiva para quienes se inician en la inversión.

A la hora de seleccionar los fondos adecuados, tenga en cuenta varios factores. Los ratios de gastos son cruciales, ya que unas comisiones más bajas significan que una mayor parte de su dinero permanece invertido y se acumula con el tiempo. El error de seguimiento, que mide el grado en que el fondo sigue a su índice, es otro factor importante. Lo mejor es un fondo con un error de seguimiento mínimo para garantizar que refleja fielmente la rentabilidad del índice. El tamaño del fondo también es importante; los fondos más grandes tienden a ser más estables y tienen ratios de gastos más bajos. Algunos ejemplos de fondos indexados populares son el Vanguard 500 Index Fund, que sigue al S&P 500, y el Fidelity Total Market Index Fund. Ambos ofrecen comisiones bajas y una amplia exposición al mercado, lo que los convierte en opciones sólidas para cualquier cartera.

Empezar a utilizar fondos indexados requiere unos sencillos pasos. En primer lugar, abra una cuenta en una agencia de valores como Charles Schwab o Vanguard. Estas plataformas ofrecen una amplia gama de fondos indexados y sus interfaces son fáciles de usar. Una vez configurada la cuenta, decida cuánto desea invertir inicialmente y establezca inversiones automáticas. Esto significa que una determinada cantidad de dinero se transferirá periódicamente de su cuenta bancaria a su cuenta de inversión, garantizando así unas aportaciones constantes sin tener que acordarse cada mes. También es importante supervisar y ajustar su cartera según sea necesario. Revise periódicamente sus inversiones para asegurarse de que se ajustan a sus objetivos y a su tolerancia al riesgo. Si su situación financiera cambia, puede que necesite ajustar su estrategia de inversión.

Los fondos indexados también pueden servir de puerta de entrada a otras inversiones como acciones y bonos. La mayoría de las plataformas de corretaje que ofrecen fondos indexados también le permitirán invertir en acciones y bonos individuales. Esta integración facilita la gestión de todas sus inversiones en un mismo lugar. Por ejemplo, puede empezar con un fondo indexado de bajo coste y diversificar gradualmente añadiendo acciones o bonos individuales a medida que se sienta más comodo invirtiendo. Este enfoque ofrece una combinación equilibrada de crecimiento y estabilidad, ayudando a construir una sólida cartera financiera a lo largo del tiempo.

4.6 Establecer un plan de inversión familiar

Tener un plan de inversión familiar es como establecer una hoja de ruta para su futuro financiero. Garantiza que todos los miembros de la familia estén de acuerdo y trabajen para alcanzar objetivos financieros comunes. Un plan claro ayuda a alinear las estrategias de inversión con los objetivos a largo plazo, ya sea comprar una casa, financiar la educación de los hijos o planificar la jubilación. Por ejemplo, la familia Curry creó un plan de inversión centrado en ahorrar para la educación universitaria de sus hijos. Asignaron fondos a un fondo indexado de bajo coste para asegurarse de cumplir sus objetivos sin comprometer sus necesidades cotidianas. El plan de cada familia será diferente en función de sus objetivos particulares, pero la base sigue siendo la misma: alinear las inversiones con los objetivos a largo plazo.

Determinar sus objetivos de inversión y su tolerancia al riesgo es el siguiente paso fundamental. Empiece por definir claramente lo que quiere conseguir con sus inversiones. ¿Quiere ahorrar para el pago inicial de una casa en cinco años, o planea jubilarse dentro de 30 años? Sus objetivos determinarán su estrategia de inversión. Herramientas como la fijación de objetivos de inversión pueden ayudarle a esbozar estos objetivos, como hicimos en el capítulo 1. Del mismo modo, es esencial conocer su tolerancia al riesgo. Algunas personas pueden soportar la volatilidad del mercado, mientras que otras prefieren inversiones más estables. Los cuestionarios de tolerancia al riesgo pueden guiarle a la hora de evaluar su nivel de comodidad con el riesgo, ayudándole a elegir inversiones adecuadas que se ajusten a sus objetivos financieros y a su comodidad emocional.

Crear un plan de inversión familiar implica varios pasos, pero no se preocupe, es manejable. Empiece por identificar sus objetivos de inversión y horizontes temporales. Divida sus objetivos en categorías a corto, medio y largo plazo. Esto le ayudará a seleccionar los vehículos de inversión adecuados para cada objetivo. Por ejemplo, para los objetivos a corto plazo lo mejor son los bonos o las cuentas de ahorro de alto rendimiento, mientras que para los objetivos a largo plazo lo mejor son las acciones o los fondos de inversión. A continuación, asigne funciones y responsabilidades dentro de la familia. Tal vez una persona se encargue de las inversiones, otra del presupuesto y una tercera de mantener a todos informados de los progresos. Este enfoque colaborativo garantiza que todos participen y se comprometan con el éxito del plan.

La revisión y el ajuste periódicos de su plan de inversión son cruciales para el éxito continuado. Las circunstancias familiares y las condiciones del mercado pueden cambiar, y su plan de inversión debe adaptarse en consecuencia. Organice reuniones periódicas sobre el dinero de la familia para revisar el plan de inversión. Al principio, estas reuniones deberían ser mensuales, pero a medida que se estabilice pueden pasar a ser trimestrales, lo que mejor se adapte a usted y a su familia. Durante estas sesiones, comente cualquier cambio en los ingresos, los gastos o los objetivos financieros. Ajuste el plan según sea necesario para asegurarse de que sigue alineado con sus objetivos. Por ejemplo, si recibe una ganancia inesperada, puede decidir aumentar sus aportaciones a las inversiones o amortizar las deudas más rápidamente. Por el contrario, si se enfrenta a un gasto inesperado, puede que necesite ajustar temporalmente su tasa de ahorro. Esta gestión continua garantiza que su plan siga siendo pertinente y eficaz.

En resumen, contar con un plan de inversión familiar le ayudará a alcanzar sus metas financieras alineando sus estrategias de inversión con sus objetivos a largo plazo. Utilice herramientas como hojas de trabajo para fijar objetivos y cuestionarios de tolerancia al riesgo para determinar sus objetivos de inversión y su tolerancia al riesgo. Siga un proceso paso a paso para crear un plan detallado, asignando funciones y responsabilidades para garantizar la participación de todos. Revise y ajuste periódicamente el plan para mantenerlo en marcha, adaptándolo a los cambios en las circunstancias familiares y las condiciones del mercado. Este enfoque proactivo no sólo asegura su futuro financiero, sino que también fomenta el sentido de trabajo en equipo y la responsabilidad compartida dentro de la familia.

No pases al siguiente capítulo sin hacer lo siguiente;

1. Abrir una cuenta de corretaje en Charles Schwab o Vanguard
2. Busca en Google los fondos indexados más rentables. Comprueba sus ratios de gastos y rentabilidad a 5 años
3. Elige una y cómprala. Enhorabuena, eres un inversor
4. Establece un pago automático o utiliza el dinero de las aplicaciones de presupuesto redondeado del capítulo 2, como Raíz, para seguir comprando cada mes.
5. Haga un seguimiento de su cartera e informe de sus progresos en sus noches de dinero mensuales

A medida que avanzamos, exploremos el siguiente capítulo sobre aspectos esenciales de la planificación de la jubilación, en el que hablaremos de como garantizar una jubilación comoda y financieramente segura.

Capítulo 5

Planificación de la jubilación Essentials

Imagina que es un sábado por la mañana y estás tomando un café mientras navegas por las redes sociales. Te topas con un post de un viejo amigo que acaba de jubilarse y ahora viaja por el mundo. Sientes una punzada de envidia y un poco de ansiedad. ¿como se las han arreglado para jubilarse comodamente mientras tú sigues intentando averiguar como ahorrar lo suficiente? Esta situación es habitual y pone de manifiesto la importancia de planificar la jubilación. Saber cuánto dinero necesitarás y como ahorrar para ello puede marcar la diferencia a la hora de conseguir la jubilación de tus sueños.

5.1 Cómo calcular sus necesidades de jubilación

Calcular con precisión sus necesidades para la jubilación es crucial. Sin una idea clara de cuánto dinero va a necesitar, corre el riesgo de subestimar sus gastos, lo que puede provocarle estrés financiero en sus años dorados. Subestimar sus necesidades de jubilación puede tener un impacto significativo. Imagínese llegar a la edad de jubilación y darse cuenta de que no tiene ahorros suficientes para cubrir sus gastos básicos. Esto podría significar tener que reducir el tamaño de su casa, recortar las actividades de ocio o incluso volver a trabajar. La longevidad y el aumento de los costes sanitarios también desempeñan un papel importante en la planificación de la jubilación. La gente vive más años que nunca, y aunque esto es una bendición, también significa que necesitan más dinero para cubrir los gastos de manutención de años adicionales. Los costes sanitarios tienden a aumentar a medida que envejecemos y, sin una planificación adecuada, estos gastos pueden agotar rápidamente tus ahorros.

Para calcular tus gastos anuales de jubilación, empieza por lo básico. Piense en los gastos de vivienda. ¿Será propietario de su casa o seguirá teniendo una hipoteca? No olvide tener en cuenta los impuestos sobre la propiedad, el mantenimiento y los servicios públicos. A continuación, piense en los gastos sanitarios. Incluso con Medicare, es probable que tenga gastos de su bolsillo, como primas, copagos y medicamentos con receta. Los viajes y el ocio también son importantes. La jubilación es un momento para disfrutar de la vida, así que incluya el coste de las vacaciones, las aficiones y el ocio. Por último, tenga en cuenta la inflación. Los precios de los bienes y servicios seguirán subiendo, por lo que es esencial tenerlo en cuenta en los cálculos. Una buena regla general es estimar una tasa de inflación anual del 2-3%.

Varias herramientas y calculadoras pueden ayudarle a estimar con precisión sus necesidades de jubilación. Las calculadoras de jubilación en línea de instituciones financieras reputadas como Vanguard y NerdWallet son recursos excelentes. Estas calculadoras le permiten introducir sus ahorros actuales, los gastos previstos y otras variables para ofrecerle una estimación personalizada de cuánto necesitará ahorrar. Para un enfoque más detallado, considere utilizar la Hoja de Cálculo de Necesidades de Jubilación de Charles Schwab. Esta hoja de cálculo le ayuda a desglosar sus gastos y ajustarlos a la inflación, proporcionándole una visión global de sus necesidades para la jubilación. La Seguridad Social también desempeñará un papel importante en la planifi-cación de su jubilación. Es esencial saber cuánto puede esperar recibir de la Seguridad Social en función de su historial de ingresos. Puede calcular sus prestaciones visitando el sitio web de la Administración de la Seguridad Social y utilizando su calculadora en línea. La edad a la que solicite las prestaciones puede influir significativamente en la cuantía que reciba. Por ejemplo, si solicita las prestaciones a los 62 años, la edad más temprana a la que puede empezar, recibirá una prestación mensual reducida en comparación con si espera hasta la edad de jubilación completa, que suele rondar los 66 o 67 años. Retrasar aún más las prestaciones, hasta los 70 años, puede aumentar sustancialmente sus pagos mensuales. Comprender estos matices puede ayudarle a tomar una decisión informada sobre cuándo comenzar a recibir los beneficios del Seguro Social.

Si se toma el tiempo necesario para calcular con precisión sus necesidades de jubilación, podrá asegurarse de que estás en el buen camino para una jubilación comoda y segura, y si no lo estás, haz los ajustes necesarios. Tenga en cuenta todos los gastos potenciales, ajústese a la inflación y utilice herramientas y calculadoras fiables. No olvide tener en cuenta la Seguridad Social y tomar decisiones informadas sobre cuándo reclamar sus prestaciones. Con una planificación cuidadosa, podrá disfrutar de sus años dorados sin preocupaciones económicas.

5.2 Conozca las diferentes cuentas de jubilación

A la hora de planificar la jubilación, elegir las cuentas adecuadas puede marcar una diferencia significativa en la cantidad que ahorre y en el crecimiento de su patrimonio. Empecemos por definir algunos instrumentos habituales de ahorro para la jubilación. Un plan 401(k) es un plan de jubilación patrocinado por la empresa que permite a los empleados aportar una parte de su salario, a menudo con aportaciones paralelas de la empresa. Estos planes ofrecen un crecimiento con impuestos diferidos, lo que significa que no pagará impuestos sobre sus aportaciones o ganancias hasta que retire el dinero en la jubilación. Del mismo modo, los empleados de los colegios públicos y de determinadas organizaciones sin ánimo de lucro pueden acogerse al plan 403(b), que ofrece las mismas ventajas fiscales diferidas que el 401(k). Las Cuentas Individuales de Jubilación (IRA) son otra opción popular, y existen en varias formas. Una

IRA tradicional le permite aportar dinero antes de impuestos, lo que puede reducir su renta imponible del año. El dinero crece con impuestos diferidos, y usted paga impuestos cuando lo retira en la jubilación. En cambio, una cuenta IRA Roth implica aportaciones realizadas con dinero después de impuestos. Aunque no obtiene una desgravación fiscal inmediata, su dinero crece libre de impuestos y los retiros cualificados también están exentos de impuestos. Las cuentas SEP IRA están diseñadas para trabajadores autónomos.

Estos planes permiten a las empresas realizar aportaciones a los ahorros de jubilación de sus empleados, proporcionando una forma flexible y fiscalmente ventajosa de ahorrar. Estos planes permiten a las empresas realizar aportaciones a los ahorros de jubilación de sus empleados, proporcionando una forma flexible y con ventajas fiscales de ahorrar.

Las diferencias entre las cuentas patrocinadas por la empresa, como las 401(k)s, y las cuentas individuales, como las IRA, son significativas. Las cuentas patrocinadas por la empresa suelen tener la ventaja añadida de las aportaciones de contrapartida de la empresa, es decir, dinero gratis que se añade a sus ahorros para la jubilación. Por ejemplo, si su empresa iguala el 50% de sus aportaciones hasta el 6% de su salario, aportar al menos esa cantidad maximiza sus beneficios. Las cuentas individuales, por su parte, ofrecen más flexibilidad en cuanto a opciones de inversión y control, pero carecen de la aportación del empleador.

Las ventajas e implicaciones fiscales varían según el tipo de cuenta. Las cuentas IRA tradicionales y las 401(k)s ofrecen un crecimiento con impuestos diferidos, lo que significa que no pagará impuestos sobre sus aportaciones o ganancias hasta que retire el dinero en la jubilación. Esto puede ser una ventaja significativa si espera estar en un tramo impositivo más bajo cuando se jubile. Por otro lado, las cuentas IRA Roth ofrecen un crecimiento libre de impuestos y retiros libres de impuestos, lo que las convierte en una excelente opción si se espera estar en un tramo impositivo más alto en la jubilación. Con las cuentas IRA Roth, usted paga impuestos por adelantado, pero sus retiros están libres de impuestos, lo que puede ser beneficioso si prevé tipos impositivos más altos en el futuro. La mejor opción en este caso es hablar con un asesor financiero, ya que las opciones cambian con mucha regularidad y ellos también conocen todas las ventajas fiscales.

Comprender los límites de aportación y las normas de cada cuenta es crucial para maximizar sus ahorros para la jubilación. Para 2023, el límite de aportación anual para los planes 401(k) es de 22.500 $, con una aportación adicional de recuperación de 7.500 $ para las personas mayores de 50 años. Las cuentas IRA tradicionales y Roth tienen un límite de aportación anual combinado de 6.500 $, con una aportación adicional de 1.000 $ para los mayores de 50 años. Las cuentas SEP IRA permiten aportaciones de hasta el 25% de su remuneración o 66.000 $, lo que sea menor. Es esencial tener en cuenta estos límites a la hora de planificar sus aportaciones para asegurarse de que aprovecha al máximo las oportunidades de ahorro con ventajas fiscales.

La elección de las cuentas de jubilación adecuadas depende de varios factores, entre ellos su nivel impositivo actual y futuro y si su empresa ofrece aportaciones paralelas. Si ahora se encuentra en un tramo impositivo más alto, pero espera estar en un tramo más bajo cuando se jubile, puede que le resulte más beneficioso contribuir a una cuenta IRA tradicional o 401(k), ya que la desgravación fiscal es inmediata. Por el contrario, si prevé estar en un tramo impositivo más alto en la jubilación, los retiros libres de impuestos de una cuenta IRA Roth podrían ser más ventajosos. Las aportaciones de contrapartida de la empresa son otra consideración fundamental. Si su empresa ofrece una aportación equivalente, es aconsejable que contribuya lo suficiente para aprovechar al máximo esta ventaja, ya que básicamente le proporciona dinero gratis que de otro modo no obtendría. Compruebe que puede permitírselo en su aplicación presupuestaria flujo de caja en el capítulo 2.

Considere diferentes escenarios a la hora de seleccionar la mejor cuenta para su situación. Por ejemplo, si usted es un joven profesional con muchos años hasta la jubilación, una cuenta IRA Roth podría ser una buena opción debido a la posibilidad de crecimiento libre de impuestos durante un largo período. Si es propietario de una pequeña empresa, una cuenta SEP IRA ofrece límites de aportación más elevados, lo que le permite ahorrar de forma más agresiva. Las circunstancias de cada persona varían, por lo que es esencial evaluar sus necesidades y objetivos específicos a la hora de elegir cuentas de jubilación.

5.3 Estrategias para la jubilación a largo plazo Savings

Uno de los conceptos más poderosos del ahorro para la jubilación es la capitalización. La capitalización puede hacer crecer significativamente sus fondos de jubilación con el paso del tiempo, al generar intereses no sólo sobre su inversión inicial, sino también sobre los intereses acumulados de períodos anteriores. Imagine que planta un árbol. Al principio, empieza pequeño, pero a medida que crece, produce más hojas y ramas, que a su vez generan aún más crecimiento. Cuanto antes empiece a ahorrar, más tiempo tendrá su dinero para acumularse, lo que dará lugar a un crecimiento exponencial. Por ejemplo, si empieza a ahorrar 200 $ al mes a los 25 años con una rentabilidad anual del 7%, podría llegar a tener más de 500.000 $ a los 65 años. Sin embargo, si empiezas a los 40, puede que sólo tengas unos 120.000 dólares a la misma edad. La diferencia es asombrosa y subraya la importancia de empezar pronto.

Las aportaciones automáticas cambian las reglas del juego a la hora de ahorrar para la jubilación. Las aportaciones automáticas a través de la deducción en nómina garantizan que una parte de su salario vaya directamente a su cuenta de jubilación antes incluso de que usted lo vea. Este método de "configúralo y olvídate" elimina la tentación de gastar el dinero en otra cosa y hace que el ahorro forme parte de tu rutina financiera. Muchas empresas ofrecen la posibilidad de realizar aportaciones automáticas a su plan 401(k) o planes similares, lo que facilita el seguimiento. Si tiene una cuenta IRA, puede utilizar aplicaciones o funciones bancarias para automatizar las aportaciones, lo que le permitirá aumentar regularmente sus ahorros sin tener que acordarse de hacer transferencias manuales.

Maximizar los planes patrocinados por el empleador es otra estrategia crucial para el ahorro para la jubilación a largo plazo. Si su empresa ofrece un plan 401(k) con aportaciones paralelas, es esencial aportar lo suficiente para recibir la aportación completa. En esencia, se trata de dinero gratis que se añade a sus ahorros para la jubilación. Por ejemplo, si su empresa iguala el 50% de sus aportaciones hasta el 6% de su salario, no aportar al menos el 6% significa dejar dinero sobre la mesa. También es importante conocer los calendarios de adquisición de derechos. La adquisición de derechos se refiere al tiempo que debe trabajar para una empresa antes de que las aportaciones de la empresa a su plan de jubilación le pertenezcan por completo. Si deja la empresa antes de haber adquirido todos los derechos, puede perder parte o la totalidad de esas aportaciones. Conocer su calendario de adquisición de derechos le ayudará a tomar decisiones informadas sobre su empleo y la planificación de su jubilación. Pregunte al departamento de personal de su empresa al respecto cuando se ponga al día con ellos.

La diversificación de sus cuentas de jubilación es crucial para gestionar el riesgo y garantizar un crecimiento constante. Al distribuir sus inversiones entre varias clases de activos, puede proteger su cartera de pérdidas significativas en caso de que un sector obtenga malos resultados. Asignar fondos a acciones, bonos y otros activos proporciona un enfoque equilibrado que puede capear las fluctuaciones del mercado. Por ejemplo, las acciones suelen ofrecer mayores rendimientos pero conllevan más riesgo, mientras que los bonos proporcionan estabilidad e ingresos regulares. Equilibrar periódicamente la cartera ayuda a mantener la asignación deseada. Esto significa revisar periódicamente sus inversiones y hacer ajustes para asegurarse de que su cartera sigue diversificada según su tolerancia al riesgo y sus objetivos financieros. Por ejemplo, si las acciones han funcionado bien y ahora representan una parte de su cartera mayor de lo previsto, puede vender algunas acciones y comprar bonos para volver a alinear su asignación o cambiar sus opciones de inversión. Cuando abra por primera vez su cuenta de jubilación, su empresa le sugerirá normalmente a través de qué correduría o banco. A continuación, le enviarán unos documentos en los que podrá elegir su estrategia de inversión. Puede elegir ser agresivo, con un fondo de mayor rendimiento, o conservador, con un rendimiento menor, y le darán un historial de como ha funcionado cada opción a lo largo del tiempo. De nuevo, puedes pedir ayuda con esto o mirar tú mismo los resultados en función de tu edad y tu resultado y hacer una elección. No pienses que porque elijas una opción ahora no significa que no puedas cambiar tus opciones de inversión más adelante. Yo me conecto a mi cuenta de corretaje cada trimestre para ver como está rindiendo, si estoy contento con los rendimientos, me desconecto; si no, puedes comprobar el rendimiento de los otros fondos y puedes hacer el cambio allí mismo online. Asegúrese de comprobar el rendimiento de su cuenta de jubilación, ya que los pasos que dé hoy repercutirán en su saldo en el futuro. Revise el rendimiento cuando tenga sus reuniones de la Noche del Dinero.

Incorporar estas estrategias a la planificación de su jubilación puede influir significativamente en su futuro financiero. La capitalización permite que sus inversiones crezcan exponencialmente con el tiempo, por lo que es crucial empezar a ahorrar pronto. Las aportaciones automáticas garantizan un ahorro constante, eliminan la necesidad de transferencias manuales y reducen la tentación de gastar. Maximizar los planes patrocinados por la empresa, especialmente aprovechando al máximo las aportaciones de contrapartida y conociendo los calendarios de adquisición de derechos, aumenta sus ahorros para la jubilación. La diversificación de sus cuentas de jubilación distribuye el riesgo y ofrece un enfoque equilibrado del crecimiento. Si equilibra su cartera periódicamente, podrá mantener la asignación deseada y proteger sus inversiones de la volatilidad del mercado. En conjunto, estas estrategias allanan el camino hacia una jubilación segura y comoda, permitiéndote disfrutar de sus años dorados con tranquilidad.

5.4 Equilibrar los ahorros para la jubilación con otros objetivos financieros

Equilibrar múltiples prioridades financieras puede parecer como hacer malabarismos con antorchas encendidas mientras se monta en monociclo. Ahorrar para la jubilación es sólo una pieza del rompecabezas. Muchas familias también tienen que ahorrar para la educación de sus hijos, comprar una casa y pagar las deudas, todo ello sin dejar de gestionar los gastos cotidianos. Cada uno de estos objetivos es importante, y encontrar la forma de priorizarlos puede resultar complicado. Por ejemplo, puede que te preguntes si es mejor destinar el dinero extra a la hipoteca o al fondo de jubilación. O tal vez esté indeciso entre ahorrar para la educación universitaria de su hijo o pagar una deuda con intereses elevados. Estas prioridades contrapuestas pueden hacer que la planificación financiera resulte abrumadora.

Para ayudarle a priorizar sus objetivos financieros, empiece por utilizar una hoja de trabajo de fijación de objetivos como la que utilizamos en el Capítulo 1. Esta herramienta puede ayudarle a clasificar sus objetivos en función de su nivel de ingresos. Esta herramienta puede ayudarle a clasificar sus objetivos en función de su importancia y urgencia. Por ejemplo, las necesidades inmediatas, como saldar una deuda con intereses altos, pueden tener prioridad sobre los objetivos a largo plazo, como comprar una casa de vacaciones. Una vez que tengas una lista clara, asigna los recursos en consecuencia. Las herramientas de planificación financiera, como las calculadoras en línea y las aplicaciones presupuestarias como Empower, pueden ayudarte a visualizar el impacto a largo plazo de las distintas estrategias de ahorro. Estas herramientas pueden mostrarte cuánto necesitas ahorrar cada mes para alcanzar tus objetivos, ayudándote a tomar decisiones informadas sobre dónde asignar tu dinero.

La planificación integrada es clave para alcanzar múltiples objetivos financieros. Al crear un plan financiero global que incluya todos sus objetivos principales, puede ver como encajan y ajustar su estrategia según sea necesario. Por ejemplo, si recibe una bonificación en el trabajo, puede decidir dividir entre su fondo de jubilación y una cuenta de ahorro para la universidad, si ya no tiene deudas. Ajustar las aportaciones a las distintas cuentas en función de los cambios que se produzcan en su vida, como un ascenso o la llegada de un bebé, puede ayudarle a mantener el rumbo. Este planteamiento flexible garantiza que avanzas en todos tus objetivos sin descuidar ninguno.

Los ejemplos de la vida real pueden ser increíblemente inspiradores y aportar ideas prácticas. Por ejemplo, la familia Lynett. Consiguieron ahorrar para su jubilación a la vez que financiaban la educación universitaria de sus hijos. Empezaron creando un plan financiero detallado que daba prioridad al pago de las deudas con intereses altos. Una vez pagada la deuda, utilizaron la cantidad que estaban pagando para establecer contribuciones automáticas tanto a sus cuentas de jubilación como a sus planes de ahorro para la universidad. Cumpliendo su plan y haciendo los ajustes necesarios, pudieron alcanzar ambos objetivos. Del mismo modo, la familia Wheaton encontró un equilibrio entre el ahorro para el pago inicial de una vivienda y su fondo de jubilación. Utilizaron una hoja de cálculo para establecer objetivos, clasificar sus prioridades y asignar los recursos en consecuencia. Controlando de cerca su presupuesto y haciendo pequeños sacrificios, como dejar de salir a cenar fuera, pudieron ahorrar simultáneamente para ambos objetivos.

5.5 Cómo evitar errores comunes en la planificación de la jubilación

Planificar la jubilación es fundamental para asegurarse un futuro confortable, pero es fácil cometer errores por el camino. Uno de los errores más comunes es subestimar los gastos de la jubilación. Muchas personas asumen que gastarán menos durante la jubilación que mientras trabajan, pero no siempre es así. Sus patrones de gasto pueden cambiar, pero pueden surgir nuevos gastos. Por ejemplo, puede viajar más, dedicarse a nuevas aficiones o tener que hacer frente a gastos sanitarios inesperados. No tener en cuenta estos posibles gastos puede dejarle mal preparado. La inflación es otro factor que a menudo se pasa por alto. Incluso una modesta tasa de inflación anual del 2-3% puede erosionar significativamente su poder adquisitivo con el paso del tiempo. Si no ajusta su plan de ahorro para tener en cuenta la inflación, es posible que sus ahorros no alcancen para tanto como pensaba.

Otra trampa que hay que evitar es retirar dinero anticipadamente de las cuentas de jubilación. Aunque pueda resultar tentador recurrir a los ahorros de la jubilación para hacer una gran compra o afrontar un gasto inesperado, hacerlo puede tener graves consecuencias. Las retiradas anticipadas suelen conllevar fuertes penalizaciones fiscales. Por ejemplo, si retira fondos de una cuenta IRA tradicional o 401(k) antes de los 59 1/2 años, puede enfrentarse a una penalización del 10%, además de los impuestos sobre la renta ordinarios.

Esto puede reducir considerablemente sus ahorros. Además, retirar dinero antes de tiempo interrumpe el potencial de crecimiento de sus fondos de jubilación. El dinero que retira deja de acumularse, lo que puede repercutir a largo plazo en sus ahorros totales. Piense que es como talar un árbol que está empezando a dar frutos: no sólo pierde el beneficio inmediato, sino también el rendimiento futuro.

Las decisiones de inversión emocionales también pueden desbaratar la planificación de su jubilación. Durante las caídas del mercado, es natural sentirse ansioso y plantearse vender las inversiones para evitar más pérdidas. Sin embargo, las ventas por pánico pueden bloquear las pérdidas e impedirle beneficiarse de la eventual recuperación del mercado. Mantener la disciplina en su estrategia de inversión es crucial. Cíñase a su plan a largo plazo, incluso cuando el mercado se muestre volátil. Recuerde que invertir es un maratón, no un sprint. Evite tomar decisiones basadas en los movimientos del mercado a corto plazo. Concéntrese en sus objetivos a largo plazo y en el rendimiento global de su cartera. Este enfoque disciplinado puede ayudarte a sortear las fluctuaciones del mercado sin poner en peligro tus ahorros para la jubilación.

Mantener actualizados sus planes de jubilación es otro aspecto importante para planificar con éxito la jubilación. La vida está llena de cambios, y su estrategia de jubilación debe reflejar. Establecer revisiones financieras anuales puede ayudarle a mantener el rumbo. Durante estas revisiones, analice detenidamente sus ingresos, gastos y objetivos. Ajuste sus aportaciones a la jubilación si sus ingresos han cambiado o si tiene nuevas prioridades financieras. Por ejemplo, si ha recibido un aumento de sueldo, considere la posibilidad de aumentar sus aportaciones para aprovechar los ingresos extra si su deuda está saldada y se alinea con sus objetivos financieros. Del mismo modo, si sus gastos han aumentado, puede que necesite ajustar su presupuesto para asegurarse de que sigue ahorrando lo suficiente para la jubilación. Actualizar periódicamente tu plan garantiza que siga siendo relevante y eficaz, ayudándote a mantener el rumbo para alcanzar tus objetivos de jubilación. Si cree que puede hacerlo usted mismo, estupendo, pero si cree que necesita la ayuda de un asesor financiero, debería ponerse en contacto con uno. Pida recomendaciones a sus amigos o busque uno en el sitio web de Ramsey Solutions, que cuenta con asesores financieros profesionales en todo el país. Quieres que estos profesionales sean más inteligentes que tú para que puedas seguir aprendiendo. Estas consultas le costarán dinero, pero sólo debería ser una cuota única y es posible que necesite una cada pocos años o sólo una vez.

Estos pasos pueden ayudarle a evitar errores comunes en la planificación de la jubilación y garantizar un futuro financiero más seguro. Si calcula con exactitud sus gastos, evita las retiradas anticipadas, se mantiene disciplinado con sus inversiones y actualiza sus planes, podrá navegar con confianza por las complejidades de la planificación de la jubilación.

5.6 Garantizar una jubilación comoda Estilo de vida

Planificar el estilo de vida durante la jubilación va más allá de tener dinero suficiente para cubrir las necesidades básicas. Se trata de imaginar la vida que quieres llevar y comprender como influyen tus actividades y aficiones en tus necesidades económicas. Imagínese viajando, dedicándose a nuevas aficiones o disponiendo por fin de tiempo para trabajar como voluntario en causas que le preocupan. Cada una de estas actividades conlleva sus propios gastos. Calcular estos gastos te ayudará a asegurarte de que tienes los fondos necesarios para disfrutar al máximo de su jubilación. Por ejemplo, si piensa viajar con frecuencia, tendrá que presupuestar los billetes de avión, el alojamiento y otros gastos relacionados. Del mismo modo, nuevas aficiones como el golf o la artesanía pueden aumentar sus gastos mensuales. Tómese el tiempo necesario para enumerar estos posibles gastos y elaborar un presupuesto realista que se ajuste al estilo de vida que desea para su jubilación.

Mantener la salud y el bienestar durante la jubilación es crucial, tanto para su calidad de vida como para sus finanzas. Mantenerse sano puede reducir los gastos médicos y mejorar su bienestar general. Presupuestar los gastos sanitarios y de bienestar es una parte esencial de la planificación de la jubilación. Esto incluye no sólo las revisiones y tratamientos médicos rutinarios, sino también los cuidados preventivos y las actividades de bienestar. El ejercicio regular, por ejemplo, puede ayudarle a mantenerse en forma y reducir el riesgo de enfermedades crónicas. Considere la posibilidad de apuntarse a un gimnasio, tomar clases de yoga o incluso participar en ligas deportivas comunitarias. Las medidas sanitarias preventivas, como las vacunas y las revisiones, pueden detectar a tiempo posibles problemas de salud, ahorrando dinero y estrés a largo plazo. Asignar fondos a estas actividades le garantiza que podrá mantener un estilo de vida saludable sin tensiones financieras.

Las relaciones sociales y la participación en la comunidad desempeñan un papel importante a la hora de mejorar su experiencia de jubilación. Mantenerse activo socialmente puede aumentar su bienestar mental y emocional, haciendo que sus años de jubilación sean más satisfactorios. Participar en grupos y actividades de la comunidad es una forma excelente de seguir comprometido y conocer gente nueva. Ya sea uniéndose a un club de lectura, asistiendo a actos comunitarios o participando en clases locales, estas actividades ofrecen oportunidades de interacción social y crecimiento personal. El voluntariado es otra forma fantástica de mantenerse activo y contribuir a la comunidad. Ofrece un sentido de propósito y puede ser increíblemente gratificante. Muchos jubilados descubren que el voluntariado no sólo enriquece sus vidas, sino que también les ayuda a entablar nuevas amistades y a mantenerse conectados.

Crear un plan de ingresos de jubilación sostenible es clave para garantizar que sus ahorros duren durante sus años de jubilación. Una estrategia común es la regla del 4%, que sugiere retirar el 4% de sus ahorros de jubilación cada año, por lo que duraría unos 25 años. Este planteamiento proporciona unos ingresos constantes al tiempo que preserva la mayor parte de sus ahorros. Sin embargo, la flexibilidad es importante. Ajuste sus reintegros en función del rendimiento de sus inversiones y sus gastos. Por ejemplo, en los años en que sus inversiones rindan bien, podría retirar un poco más, mientras que en los años de vacas flacas, podría apretarse el cinturón. También es aconsejable tener una combinación de fuentes de ingresos, como la Seguridad Social, las pensiones y las inversiones, para proporcionar estabilidad y reducir el riesgo de sobrevivir a sus ahorros. Si gestiona sus reintegros con cuidado y realiza los ajustes necesarios, podrá mantener un estilo de vida cómodo sin agotar sus ahorros prematuramente. Cuando planifique su jubilación, tenga en cuenta todos los aspectos del estilo de vida que desea. Calcule los costes de viajes, aficiones y actividades de ocio para asegurarse de que dispone de los fondos necesarios para disfrutar plenamente de su jubilación. Dé prioridad a su salud y bienestar presupuestando la atención sanitaria y las medidas preventivas, y mantenerse socialmente activo mediante la participación en la comunidad y el voluntariado. Cree un plan sostenible de ingresos para la jubilación utilizando estrategias como la regla del 4% y ajustando los reintegros en función del rendimiento de las inversiones. Teniendo en cuenta estos elementos, puede esperar una jubilación satisfactoria y financieramente segura.

No pases al siguiente capítulo sin hacer lo siguiente;

1. Si aún no lo ha hecho, comente las opciones de cuenta de jubilación con su cónyuge, el departamento de personal o un asesor financiero
2. Abra una cuenta de jubilación y elija su estrategia de inversión
3. Empezar a hacer aportaciones a esta cuenta, preferiblemente con una contrapartida de la empresa
4. Revisa trimestralmente tus ahorros para la jubilación en las reuniones de la Noche del Dinero
5. Busca una calculadora de jubilación en Internet, como la de Vanguard, y calcula cuánto necesitarás para jubilarte

Ahorrar para su jubilación es esencial y no importa cuándo empiece, pero debería hacerlo ahora. El poder del interés compuesto será tu aliado, así que si haces aportaciones ahora, puedes olvidarte de todo y dejar que se produzcan los beneficios. Los controlarás en tus reuniones monetarias mensuales, pero por ahora, el trabajo duro ya está hecho, ¡enhorabuena!

* * *

<u>Marque la diferencia con su reseña</u>

Las personas que dan sin esperar nada a cambio viven vidas más felices. Entonces, ¡marquemos la diferencia juntos!

¿Ayudaría a alguien como usted, que tiene curiosidad por la libertad financiera pero no sabe por dónde empezar?

Mi misión es hacer que la libertad financiera sea comprensible para todos.

Pero para llegar a más personas, necesito tu ayuda.

La mayoría de la gente elige libros basándose en reseñas. Entonces, te pido que ayudes a alguien más dejando una reseña.

No cuesta nada y toma menos de un minuto, pero podría cambiar el camino financiero de alguien y cambiar el futuro de una familia. Tu reseña podría ayudar...

... una familia más sale de sus deudas
  ... un padre construye su fondo de emergencia para su familia
  ... un niño entiende el dinero para empezar su vida mejor que cuando empezó
  ... una persona más toma el control de sus finanzas
  ... un sueño más hecho realidad

Para marcar la diferencia, simplemente escanee el código QR a continuación o haga clic en el enlace y deje una reseña:
https://amzn.to/4fHcG9x

Si te encanta ayudar a los demás, eres mi tipo de persona. ¡Gracias desde el fondo de mi corazón!

Emma Maxwell

Capítulo 6

Educación financiera para niños

Imagínese esto: está en el supermercado con su hijo pequeño. Le das unos dólares y le pides que elija su fruta favorita. Ellos examinan cuidadosamente las manzanas, los plátanos y las naranjas, intentando decidir como gastar su dinero sabiamente. Este sencillo ejercicio ayuda a sembrar la semilla de la educación financiera. Enseñar a los niños sobre el dinero desde una edad temprana puede sentar las bases para una vida de decisiones financieras inteligentes. Se trata de que el aprendizaje sea divertido y adecuado a su edad.

6.1 Lecciones financieras adecuadas a la edad para niños

La comprensión del dinero por parte de los niños evoluciona a medida que crecen. Su desarrollo cognitivo influye en su forma de entender los conceptos financieros. Por ejemplo, es posible que un niño pequeño no entienda el valor del dinero, pero sepa reconocer las distintas monedas y billetes. Los juegos sencillos, cómo identificar monedas, pueden ser divertidos y educativos para los niños pequeños. Puedes aprovechar momentos cotidianos, como jugar a la tienda o al restaurante de mentira, para introducir conceptos básicos de comercio. A esta edad, se trata de familiarizarse con los aspectos físicos del dinero.

Cuando los niños entran en preescolar, empiezan a entender el concepto de ahorrar y gastar. Puedes hacerles participar recortando cupones y buscando productos en la tienda, discutiendo como ahorrar dinero. Jugar a restaurantes imaginarios puede enseñarles a poner la mesa, buenos modales y a devolver el cambio. Estas actividades hacen que las lecciones financieras sean tangibles y cercanas. Cuando llegan a la escuela primaria, ya pueden manejar presupuestos sencillos. Abrir una cuenta de ahorros y hablar de los intereses pueden ser hitos emocionantes.

Para los niños de seis a ocho años, la educación financiera puede adquirir nuevas dimensiones. Abrir una cuenta de ahorro y hablar del concepto de interés adquiere mayor relevancia. Animales a empezar a ahorrar una parte de su paga o del dinero de los regalos y a gastarse el resto. Llévalos a la tienda y haz que calculen cuánto les costará algo y cuánto cambio les devolverán. Estas actividades les ayudan a captar la idea del ahorro y a utilizar sus habilidades matemáticas al mismo tiempo.

A medida que los niños se acercan a la escuela secundaria, son más capaces de entender la comparación de precios. Enséñales a leer las etiquetas de los precios y a comparar costes y calidad. También puedes ponerles a cargo de ventas de garaje para que aprendan a fijar valores y a negociar. Estas experiencias les enseñan el valor del dinero y la importancia de tomar decisiones de gasto con conocimiento de causa. Es una buena edad para introducirles en el concepto de presupuesto hablando de deseos frente a necesidades. Revisar juntos el presupuesto familiar puede ser una experiencia reveladora, que les ayude a entender como se asigna y gasta el dinero y cuánto cuestan las cosas.

Durante la adolescencia, la educación financiera adquiere una importancia aún mayor. Enseñar a los adolescentes a invertir puede ser muy beneficioso para su futuro financiero. Empiece con conceptos sencillos como acciones, bonos y fondos de inversión. Explíquenos como funciona el mercado de valores y animad a investigar sobre empresas con las que estén familiarizados.

Establecer una cuenta de custodia con la orientación de los padres les permite empezar a invertir pronto. El uso de aplicaciones de inversión diseñadas para adolescentes puede hacer que el proceso sea accesible y atractivo. Los ejemplos de la vida real y las historias de éxito de inversores adolescentes pueden inspirarlos a dar sus primeros pasos en el mundo de la inversión.

Los padres desempeñan un papel crucial a la hora de modelar un buen comportamiento financiero. Los niños aprenden observando, por lo que demostrar hábitos financieros responsables es esencial. Por ejemplo, hágalos partícipes de las decisiones financieras cotidianas, como hacer la compra. Enséñeles a comparar precios, utilizar cupones y ajustarse a un presupuesto. Al planear unas vacaciones en familia, déjales ver como ahorrar y presupuestar el viaje. Estos escenarios de la vida real les proporcionan valiosas lecciones que se les quedan grabadas. No se trata sólo de decirles lo que tienen que hacer, sino de demostrarlo con tus acciones. Cuando estén preparados, hazles partícipes de la reunión mensual sobre el dinero en familia.

Pensemos en la historia de la familia Appleby. Se propusieron involucrar a sus hijos en discusiones financieras desde una edad temprana. Abrieron cuentas de ahorro para sus hijos y les animaron a ahorrar una parte de su paga. A medida que los niños crecían, se les asignan más responsabilidades, como la gestión de sus gastos para proyectos escolares y excursiones. Hoy, los dos hijos de Johnson son adultos responsables desde el punto de vista financiero, gestionan sus finanzas con confianza y toman decisiones con conocimiento de causa. El enfoque proactivo de la educación financiera de sus padres marcó la diferencia.

Otro ejemplo es la familia Manning. Utilizaban actividades cotidianas para enseñar a sus hijos sobre el dinero. Desde hacer la compra hasta planificar las vacaciones, los niños participaban en las decisiones de presupuesto y ahorro. Los padres también les introdujeron en el mundo de la inversión abriendo cuentas de custodia y dejándoles elegir las acciones en las que invertir. En la adolescencia, los Manning gestionaron sus pequeñas carteras de inversión y aprendieron valiosas lecciones sobre el mercado de valores. Hoy son jóvenes adultos con conocimientos financieros, gracias a la educación financiera práctica que recibieron en casa.

Enseñar cultura financiera en las distintas etapas del desarrollo garantiza que los niños capten los conceptos adecuados a su edad. En el caso de los niños pequeños, se trata de reconocer las monedas y jugar a juegos de dinero sencillos. Los preescolares pueden aprender a ahorrar y gastar a través de actividades cotidianas como recortar cupones. Los niños de primaria pueden manejar presupuestos sencillos y ahorrar con la ayuda de cuentas de ahorro y devolviendo el cambio de una compra. Los alumnos de secundaria se benefician de la comparación de precios y de la comprensión de los deseos frente a las necesidades. Los adolescentes pueden empezar a aprender a invertir y gestionar sus finanzas.

Los padres desempeñan un papel fundamental en este proceso. Dando ejemplo de buen comportamiento financiero e implicando a los niños en las decisiones financieras cotidianas, se pueden sentar unas bases sólidas para su futuro financiero. Los ejemplos de la vida real y las historias de éxito demuestran que estos esfuerzos merecen la pena. Con el enfoque adecuado, puede ayudar a sus hijos a convertirse en adultos responsables desde el punto de vista financiero, listo para navegar las complejidades de administrar el dinero.

6.2 Ejercicios interactivos y divertidos para enseñar a manejar el dinero

Enseñar dinero a los niños no tiene por qué ser un proceso árido y aburrido. Hacer que el aprendizaje financiero sea divertido puede ser increíblemente eficaz. Piense en la última vez que su hijo estaba completamente absorto en un juego. Ese mismo nivel de compromiso puede aprovecharse para enseñar valiosas habilidades financieras. Los juegos y las actividades convierten los conceptos financieros abstractos en experiencias tangibles, lo que facilita su comprensión. Cuando los niños juegan, aprenden sin darse cuenta. Este enfoque interactivo les mantiene interesados y les ayuda a asimilar las lecciones.

Existen numerosos juegos y actividades apropiados para cada edad que pueden enseñar diversos conceptos financieros. Para los niños de primaria, "The Allowance Game" es una opción fantástica. En este juego de mesa, los niños ganan dinero haciendo tareas y tomando decisiones de gasto y ahorro. Es una forma divertida de introducir los conceptos básicos de ganar y administrar dinero. Para los adolescentes, los juegos de educación financiera en línea pueden ser atractivos y educativos. Juegos como "Fútbol Financiero" combinan la emoción de los deportes con preguntas sobre finanzas personales, haciendo que el aprendizaje sea competitivo y divertido. Estos juegos cubren temas como el presupuesto, el crédito y la inversión, proporcionando una introducción completa a la educación financiera.

Las experiencias prácticas de aprendizaje ofrecen otra forma eficaz de reforzar las lecciones financieras. Crear una caja de ahorros puede ser un divertido proyecto de manualidades que también enseñe la importancia del ahorro. Coge un tarro o una caja vacía, deja que tu hijo la decore y la etiquete como su "caja de ahorros". Anímate a depositar regularmente en la hucha una parte de tu paga o del dinero de los regalos. Esta experiencia visual y táctil les ayuda a entender el concepto de ahorro y a ver sus progresos a lo largo del tiempo. Otra actividad eficaz consiste en representar situaciones como la gestión de una tienda simulada. Monta una mini tienda en casa con artículos y etiquetas de precio. Dale a tu hijo dinero de juguete y déjale comprar. Este ejercicio les enseña a fijar precios, a devolver el cambio y a presupuestar su dinero.

Para ayudarte a empezar, aquí tienes las instrucciones paso a paso de un sencillo juego de presupuesto. En primer lugar, reúne dinero de juguete y diversos objetos domésticos con etiquetas de precio. Reparte el dinero entre los participantes. Por turnos, cada uno "compra" los artículos, asegurándose de no salirse de su presupuesto. Cuando todos hayan hecho sus compras, discute sus elecciones. ¿Priorizaron las necesidades sobre los deseos? ¿Se han quedado sin dinero? Este juego convierte la elaboración de presupuestos en una experiencia práctica.

Los métodos interactivos, como los juegos y las actividades, mantienen el interés de los niños y hacen que aprender sobre el dinero sea divertido.

Convierten la educación financiera en una experiencia divertida y no en una tarea. Ya sea jugando al "Juego de la paga", participando en juegos de educación financiera en línea o creando una caja de ahorros, estas actividades ofrecen valiosas lecciones de una manera memorable. Los ejercicios prácticos, cómo gestionar una tienda simulada o un puesto de limonada, proporcionan experiencias prácticas que refuerzan los conceptos financieros. Al incorporar estos ejercicios divertidos e interactivos a tu rutina, puedes ayudar a tus hijos a desarrollar habilidades financieras esenciales que les servirán a lo largo de su vida.

6.3 Fomentar hábitos de ahorro en los niños

Enseñar a los niños a ahorrar desde una edad temprana prepara el terreno para el éxito financiero cuando crezcan. Imagínese a su hijo recibiendo su paga semanal y gastándose inmediatamente en caramelos o juguetes. Aunque esto es normal en los niños, enseñarles a ahorrar una parte de su dinero puede cultivar un hábito que les beneficie durante toda su vida. Los primeros hábitos de ahorro son cruciales porque enseñan a los niños el valor de la gratificación diferida. En lugar de gastar el dinero en cuanto lo reciben, los niños aprenden a reservar fondos para necesidades o deseos futuros. Esta capacidad de esperar y ahorrar puede traducirse en éxitos financieros más importantes en la edad adulta, como ahorrar para un coche, una casa o incluso la jubilación.

Hacer que ahorrar sea divertido y gratificante puede motivar a los niños a desarrollar este hábito esencial. Una forma de hacerlo es establecer un "reto de ahorro" con recompensas. Por ejemplo, puede retar a su hijo a ahorrar una determinada cantidad de dinero durante un mes. Si alcanza el objetivo, gana una recompensa, como un juguete pequeño o una salida especial. De este modo, el ahorro se convierte en un juego, que resulta emocionante y atractivo. Las ayudas visuales, como las tablas de ahorro o los tarros, también pueden ser muy eficaces. Crea una tabla de ahorro en la que tu hijo pueda colorear por partes a medida que van ahorrando. También puedes utilizar un tarro transparente para que puedan ver como crecen sus ahorros. Estas señales visuales proporcionan una representación tangible de su progreso, haciendo más concreto el concepto abstracto del ahorro.

Establecer objetivos de ahorro específicos y alcanzables es vital para animar a los niños a ahorrar. Ayude a su hijo a fijar objetivos a corto y largo plazo. Los objetivos a corto plazo pueden incluir ahorrar para un juguete nuevo o un capricho especial, mientras que los objetivos a largo plazo pueden ser ahorrar para una bicicleta o un viaje al parque de atracciones. Para que el establecimiento de objetivos sea eficaz, implique a su hijo en el proceso de planificación. Siéntense juntos y discutan para qué quieren ahorrar y cuánto les costará. Divida la cantidad total en trozos más pequeños y manejables. Por ejemplo, si quiere ahorrar 50 dólares para un juguete, ayúdele a calcular cuánto tiene que ahorrar cada semana. Proporciónales una guía paso a paso para controlar sus ahorros, como un registro semanal en el que puedan anotar sus progresos. Este proceso no sólo les enseña a ahorrar, sino también a planificar y a fijarse objetivos realistas.

Las historias de éxito y los ejemplos de la vida real pueden ser poderosos motivadores para los niños. Tomemos la historia de Emily, una niña que quería comprarse una bicicleta nueva. Sus padres la animaron a ahorrar una parte de su paga semanal para comprarla. Prepararon un tarro de ahorros y una tabla para seguir sus progresos. A lo largo de varios meses, Emily ahorró diligentemente y, al final, tuvo suficiente para comprar la bicicleta. El orgullo y la satisfacción que sintió cuando finalmente la compró fueron inmensos. Los padres de Emily contaron que esta experiencia le enseñó el valor del ahorro y el retraso de la gratificación, lecciones que siguen beneficiándose a medida que crece.

Otro ejemplo inspirador es el de los hermanos Albert, Jack y Lily. Sus padres introdujeron un reto de ahorro en el que los niños tenían que ahorrar para un viaje familiar al zoo. Cada semana, Jack y Lily guardaban una parte de su paga en sus tarros de ahorro. Incluso hacían tareas extra para ganar más dinero. Ver como se llenaban sus tarros de ahorro les mantenía motivados. Cuando ahorraron lo suficiente para el viaje, no sólo estaban entusiasmados con la excursión, sino también orgullosos de su logro. Los testimonios de sus padres destacan como esta experiencia les inculcó el sentido de la responsabilidad y la importancia de trabajar para alcanzar un objetivo.

Enseñar a los niños a ahorrar es algo más que apartar dinero. Se trata de inculcarles valores de responsabilidad, planificación y gratificación tardía. Haciendo que ahorrar sea divertido y gratificante, estableciendo objetivos concretos y compartiendo historias de éxito, puede ayudar a su hijo a desarrollar hábitos que le servirán hasta bien entrada la edad adulta. Estas lecciones tempranas sobre el ahorro sientan las bases para un futuro financieramente estable y exitoso.

6.4 Introducir conceptos de inversión a los adolescentes

Enseñar a los adolescentes a invertir puede cambiar su futuro financiero. La exposición temprana a la inversión no sólo desmitifica el proceso, sino que también prepara el terreno para el éxito financiero a largo plazo. Imagínese a su hijo aprendiendo sobre el interés compuesto y dándose cuenta de que una pequeña inversión hoy puede crecer exponencialmente con el tiempo. El poder del interés compuesto es profundo. Por ejemplo, si un adolescente empieza a invertir 100 dólares al mes a los 16 años con una rentabilidad media anual del 7%, podría tener más de 250.000 dólares a los 60 años. Esto ilustra la importancia de empezar pronto y dejar que el tiempo juegue a su favor.

Introducir conceptos básicos de inversión a los adolescentes no tiene por qué ser complicado. Empiece explicando la diferencia entre acciones, bonos y fondos de inversión. Las acciones representan la propiedad de una empresa. Cuando alguien compra una acción, posee una parte de esa empresa y tiene derecho a parte de sus activos y beneficios. Los bonos, por su parte, son préstamos concedidos a empresas o gobiernos. Cuando usted compra un bono, está prestando dinero a cambio de pagos regulares de intereses y la devolución del capital al vencimiento. Los fondos de inversión reúnen el dinero de muchos inversores para comprar una cartera diversificada de acciones, bonos u otros valores. Esta diversificación ayuda a repartir el riesgo.

A continuación, explique como funciona el mercado de valores. El mercado de valores es donde se compran y venden acciones de empresas que cotizan en bolsa. Es un mercado en el que los inversores pueden comprar una parte de una empresa y beneficiarse potencialmente de su crecimiento. Los precios de las acciones fluctúan en función de la oferta y la demanda, los resultados de la empresa y factores económicos más generales. Entender estos conceptos básicos ayuda a los adolescentes a comprender el panorama general de la inversión y como su dinero puede crecer a lo largo del tiempo.

Los métodos prácticos para que los adolescentes empiecen a invertir pueden hacer que el proceso sea más accesible. Un buen punto de partida es abrir una cuenta de custodia con la orientación de los padres. Estas cuentas permiten a los adolescentes invertir en acciones, bonos y fondos de inversión mientras los padres mantienen el control hasta que el niño alcanza la mayoría de edad. Es una forma práctica de que los adolescentes aprendan a invertir en un entorno controlado. Además, las aplicaciones de inversión diseñadas para adolescentes pueden simplificar el proceso. Aplicaciones como Stockpile y Raíz son fáciles de usar y educativas, lo que facilita que los adolescentes empiecen a invertir con pequeñas cantidades de dinero. Estas plataformas suelen incluir recursos educativos que ayudan a los adolescentes a entender sus inversiones y a seguir sus progresos.

Los ejemplos de la vida real y las historias de éxito pueden inspirar a los adolescentes a dar sus primeros pasos en la inversión. Veamos la historia de Alex, un adolescente que empezó a invertir con la ayuda de sus padres. Alex abrió una cuenta de custodia y eligió invertir en empresas con las que estaba familiarizado, como Apple y Google. Con el tiempo, vio crecer sus inversiones y aprendió valiosas lecciones sobre el mercado de valores. Los padres de Alex contaron que esta experiencia le enseñó a tener paciencia, la importancia de investigar y las ventajas de invertir a largo plazo. También le permitió obtener dividendos de las empresas en las que invertía, acelerando aún más su rentabilidad.

Otro ejemplo inspirador es el de Maya, que empezó a invertir a los 15 años con la ayuda de una app de inversión. Maya utilizó Stockpile para comprar acciones fraccionadas de sus empresas favoritas. Invirtiendo pequeñas cantidades con regularidad, construyó una cartera diversificada. Los padres de Maya la animaron a hacer un seguimiento de sus inversiones y a informarse sobre las empresas en las que invertía. Esta experiencia práctica le proporcionó un conocimiento más profundo del mercado de valores y la confianza necesaria para tomar decisiones financieras con conocimiento de causa. Hoy, Maya es una joven adulta con conocimientos financieros, gracias a su temprana introducción a la inversión.

Los testimonios de padres y adolescentes ponen de relieve el poder transformador de la inversión temprana. Los padres cuentan a menudo como sus hijos adolescentes se interesaron más por las noticias financieras y se volvieron más disciplinados en sus hábitos de gasto y ahorro. Los adolescentes expresan una sensación de empoderamiento y entusiasmo por hacer crecer su dinero. Estas historias refuerzan la idea de que una exposición temprana a la inversión puede sentar unas bases sólidas para la independencia financiera y el éxito.

Enseñar a los adolescentes a invertir les dota de los conocimientos y habilidades necesarios para labrarse un futuro financiero seguro. Explicando los conceptos básicos, ofreciendo formas prácticas de empezar y compartiendo historias de éxito de la vida real, puedes ayudar a tu hijo adolescente a navegar por el mundo de la inversión con confianza y entusiasmo.

6.5 Recursos y herramientas para la educación financiera familiar

Cuando se trata de enseñar educación financiera, contar con los recursos adecuados puede marcar la diferencia. Libros, sitios web y aplicaciones diseñados específicamente para diferentes grupos de edad pueden ayudarte a proporcionar a tus hijos la educación que necesitan. Para los niños pequeños, libros como "El problema de los osos Berenstain con el dinero" ofrecen lecciones sencillas pero eficaces. Estas historias son atractivas y hacen accesibles ideas complejas como ganar, ahorrar y gastar. A medida que los niños crecen, libros como "Padre rico, padre pobre para adolescentes" pueden ofrecer una comprensión más profunda de los principios financieros.

Este libro desglosa los conceptos esenciales de una forma con la que los adolescentes pueden identificarse, lo que lo convierte en un recurso útil para los niños mayores.

Los sitios web educativos y los juegos en línea son también excelentes herramientas para la educación financiera. Sitios como Jump$tart y Money As You Grow ofrecen una gran cantidad de recursos, como artículos, actividades y planes de clases adaptados a diferentes grupos de edad. Estos sitios facilitan la búsqueda de contenidos apropiados para cada edad que se ajusten a lo que quieres enseñar. Los juegos en línea, como los que se encuentran en el sitio web de OpU, pueden convertir el aprendizaje en una actividad divertida. A los niños más pequeños, juegos como "Peter Pig 's Money Counter" les enseñan a identificar y contar dinero, mientras que los mayores pueden beneficiarse de juegos más complejos como "Financial Football", que combina la educación financiera con el deporte.

El uso de la tecnología en la educación financiera tiene numerosas ventajas. Las aplicaciones y las herramientas en línea pueden hacer que el aprendizaje sea más interactivo y atractivo. Las aplicaciones presupuestarias diseñadas para niños y adolescentes, como Piggy Bot y FamOso, les permiten hacer un seguimiento de sus gastos, establecer objetivos de ahorro y aprender sobre presupuestos de forma práctica. Estas aplicaciones suelen incluir funciones que permiten asignar tareas, hacer un seguimiento de los progresos e incluso pagar dietas, para que la gestión financiera forme parte de su rutina diaria. Los juegos interactivos de educación financiera ofrecen otra capa de ayuda a los niños a entender conceptos financieros complejos a través del juego. Estas herramientas hacen que aprender sobre el dinero parezca menos una tarea y más un reto apasionante.

Integrar la educación financiera en la vida diaria puede hacer que estas lecciones sean más prácticas e impactantes. Involucre a sus hijos en las discusiones financieras familiares. Enséñeles a presupuestar la compra, a planificar las vacaciones o a ahorrar para las grandes compras. Utilice las actividades cotidianas como momentos de enseñanza. Por ejemplo, cuando estén en la tienda, enséñeles a comparar precios y a utilizar cupones. Cuando planifiques unas vacaciones familiares, explícales como presupuestas el viaje y ahorras dinero por adelantado. Estas aplicaciones de la vida real hacen que los conceptos financieros sean tangibles y relevantes, ayudando a tus hijos a comprender la importancia de una buena gestión del dinero.

Los ejemplos reales de familias que utilizan estos recursos pueden ser increíblemente inspiradores. Tomemos el caso de la familia Pablo. Utilizaron una mezcla de libros, aplicaciones y juegos interactivos para enseñar a sus hijos sobre el dinero. Empezaron con libros sencillos cuando sus hijos eran pequeños y fueron introduciendo conceptos más complejos a medida que crecían. Los niños utilizaron aplicaciones presupuestarias para gestionar sus asignaciones y jugaron a juegos en línea que les enseñaron a ahorrar e invertir. como resultado, los dos niños desarrollaron una sólida comprensión de los principios financieros y ahora se sienten seguros a la hora de gestionar su propio dinero.

Otro ejemplo es la familia Patel. Incorporaron la educación financiera a su rutina diaria implicando a sus hijos en las decisiones financieras. Los niños ayudaron a planificar la compra, utilizando aplicaciones para comparar precios y encontrar ofertas. También participaron en reuniones familiares mensuales sobre el dinero, en las que aprendieron a fijar objetivos financieros y a hacer un seguimiento de los gastos. Sus padres utilizaron recursos en línea para complementar estas lecciones, proporcionándoles una educación financiera completa. Los testimonios de los Patel destacan como estas prácticas ayudaron a sus hijos a ser más conscientes y responsables desde el punto de vista financiero.

Aprovechando diversos recursos, desde libros y sitios web hasta aplicaciones y juegos, puede ofrecer a sus hijos una educación financiera completa. El uso de la tecnología mejora el aprendizaje, haciéndolo interactivo y atractivo. Integrar las lecciones financieras en la vida diaria garantiza que estos conceptos sean prácticos y relevantes. Los ejemplos de la vida real muestran el impacto positivo de estas prácticas y lo inspiran a tomar medidas similares con su propia familia. Enseñar educación financiera es un viaje, pero con las herramientas y estrategias adecuadas, puede preparar a sus hijos para una vida de éxito financiero.

No pases al siguiente capítulo sin hacer lo siguiente;

1. Si tienes hijos, decide como quieres educarlos con respecto a las asignaciones y la educación monetaria. Es importante estar de acuerdo. Ten esa conversación
2. Si no tienes hijos, qué suerte, ¡estarás mucho mejor económicamente que los que sí los tenemos!
3. Lea a sus hijos libros sobre el dinero
4. A la edad adecuada, darles una paga por las tareas domésticas
5. Descargar aplicaciones de ayudas como Piggy Bot y FamOso
6. Ayude a sus hijos mayores a abrir cuentas bancarias, investigando las comisiones y los tipos de interés
7. Establecer cuentas de inversión en custodia y enseñarles los fundamentos básicos de la inversión

Capítulo 7

Planificación fiscal y maximización del ahorro

Imagínese que está sentado en la mesa de la cocina, con una pila de impresos y recibos de impuestos delante de usted. Sus hijos están jugando en la habitación de al lado, y usted no puede evitar sentir una punzada de ansiedad sobre si está gestionando correctamente los impuestos de su familia. Es una situación común, pero comprender los conceptos básicos de la planificación fiscal puede transformar este momento estresante en una tarea manejable que beneficie a toda su familia.

7.1 Conozca su tramo impositivo

En Estados Unidos, el sistema fiscal es progresivo, lo que significa que las diferentes partes de sus ingresos se gravan a tipos diferentes. Este sistema está diseñado para garantizar que las personas con mayores ingresos paguen un porcentaje más alto en impuestos. Por ejemplo, si gana 50.000 $ al año, sus ingresos no se gravan a tanto alzado. En su lugar, se dividen en segmentos, cada uno de los cuales se grava a un tipo progresivamente más alto. La primera parte puede tributar al 10%, la siguiente al 12%, y así sucesivamente. Este enfoque estratificado significa que, a medida que aumentan sus ingresos, sólo se gravan al tipo más alto los ingresos que están dentro del tramo más alto, no todos sus ingresos.

Para ilustrarlo, supongamos que usted es una persona soltera que gana 50.000 $ al año. Según el IRS, los primeros 11.000 $ se gravan al 10%, los siguientes 33.725 $ al 12%, y el resto al 12%, y los $5,275 restantes al 22%. Por lo tanto, su factura fiscal no es un simple porcentaje de 50.000 $, sino una suma de porcentajes más pequeños aplicados a partes de sus ingresos. Este sistema progresivo ayuda a equilibrar la carga fiscal de forma más equitativa entre los distintos niveles de ingresos. Comprender esto puede ayudarle a ver como afecta a su sueldo neto.

Conocer tu nivel impositivo puede ayudarte a tomar decisiones financieras. Por ejemplo, si estás pensando en hacer un trabajo extra o en hacer horas extras, conocer tu tramo impositivo puede ayudarte a calcular qué parte de esos ingresos extra te quedarás después de impuestos. Este conocimiento te permite tomar decisiones más informadas sobre tu trabajo y tus inversiones, asegurándote de que maximizan tu sueldo neto y, si trabajas como autónomo, ahorras lo suficiente para impuestos.

Para tener una idea más clara, veamos algunos ejemplos de cálculo. Si tienes unos ingresos brutos de 80.000 $, tus ingresos netos -los que te llevas a casa después de impuestos- serán significativamente menores. Utilizando los tipos impositivos de 2023, los primeros 22.000 $ de una pareja casada que presente una declaración conjunta tributan al 10%, los siguientes 67.450 $ al 12%, y así sucesivamente. Al desglosarlo, puede ver como cada parte de sus ingresos se grava a tipos diferentes, lo que le da una idea más clara de sus ingresos reales.

Conocer su tramo impositivo también ayuda a planificar posibles aumentos o bonificaciones. Si estás considerando una oferta de trabajo que incluye un aumento salarial significativo, entender como encaja el nuevo salario en tu tramo impositivo puede ayudarte a negociar mejor. Por ejemplo, puedes pedir prestaciones adicionales como un seguro médico o cotizaciones para la jubilación, que no tributan como ingresos, en lugar de un salario más alto que te situaría en un tramo impositivo más alto. Esta planificación estratégica puede ayudarte a sacar el máximo partido a tus ingresos.

Existen varias herramientas y recursos que pueden ayudarle a determinar su tramo impositivo y a planificar en consecuencia. Las calculadoras de impuestos en línea, como las que ofrece el IRS o sitios web financieros como TurboTax, pueden proporcionar una manera rápida y fácil de ver dónde se encuentra dentro de los tramos impositivos. Estas calculadoras también pueden ayudarle a estimar su deuda tributaria, lo que facilita la planificación de sus finanzas a lo largo del año. Introduciendo sus ingresos y otros datos relevantes, puede hacerse una idea precisa de su situación fiscal, lo que le ayudará a tomar decisiones financieras con mayor conocimiento de causa.

Conocer su tramo impositivo es un aspecto crucial de la planificación fiscal. Le ayuda a ver como se gravan sus ingresos, le informa sobre sus decisiones financieras y le permite elaborar estrategias eficaces. Con las herramientas y los conocimientos adecuados, puede navegar por el sistema fiscal con más confianza, asegurándose de sacar el máximo partido al dinero que tanto le ha costado ganar.

7.2 Utilización de cuentas con ventajas fiscales

Las cuentas con ventajas fiscales son una forma fantástica de ahorrar dinero al tiempo que se reducen los ingresos imponibles. Estas cuentas se presentan en diversas formas, cada una de las cuales ofrece ventajas únicas adaptadas a diferentes necesidades financieras. Los tipos más comunes son el 401(k), la IRA tradicional, la IRA Roth, la Cuenta de Ahorros para la Salud (HSA) y el Plan 529 de Ahorro Universitario. Entender como funcionan estas cuentas puede ayudarle a sacar el máximo partido de sus ahorros e inversiones.

Empezando por el 401(k), se trata de un plan de jubilación patrocinado por la empresa que le permite aportar dinero antes de impuestos, lo que reduce su renta imponible del año. El dinero de su plan 401(k) crece con impuestos diferidos, lo que significa que no pagará impuestos sobre las ganancias hasta que retire los fondos durante la jubilación. Muchas empresas ofrecen también aportaciones paralelas, que son básicamente dinero gratis que se añade a sus ahorros para la jubilación. Por ejemplo, si su empresa aporta hasta el 5% de su salario y usted gana 60.000 $ al año, podría recibir 3.000 $ más en fondos de contrapartida.

Las cuentas IRA tradicionales funcionan de forma similar, ya que permiten realizar aportaciones antes de impuestos. Al igual que las 401(k), el dinero crece con impuestos diferidos y usted paga impuestos al retirarlo. Esto puede ser especialmente beneficioso si se espera estar en un tramo impositivo más bajo durante la jubilación. Por otro lado, las cuentas IRA Roth ofrecen una ventaja diferente. Las aportaciones a una cuenta IRA Roth se hacen con dinero después de impuestos, pero el crecimiento y los retiros están libres de impuestos, siempre que se cumplan ciertas condiciones. Esto hace que las cuentas IRA Roth sean una opción excelente si prevé que se encontrará en un tramo impositivo más alto cuando se jubile. Por ejemplo, si aporta 5.000 $ a una cuenta Roth IRA cada año durante 30 años, y ésta crece hasta alcanzar los 500.000 $, todo ese crecimiento estará libre de impuestos cuando lo retire en el momento de la jubilación.

Las cuentas de ahorro sanitario (HSA) son otra herramienta poderosa, especialmente si tiene un plan de salud con deducible alto. Las aportaciones a una HSA son deducibles de impuestos, es decir, usted no paga impuestos por sus aportaciones, el dinero crece libre de impuestos y las retiradas para gastos médicos cualificados también están libres de impuestos. Esta triple ventaja fiscal hace que las HSA sean increíblemente valiosas. Además, después de los 65 años, puede utilizar los fondos de la HSA para gastos no médicos sin penalización, aunque dichas retiradas tributarán como ingresos ordinarios. Esta flexibilidad convierte a las HSA no sólo en una herramienta para los gastos sanitarios corrientes, sino también en una cuenta de jubilación secundaria. Algunas empresas las abren y las aportaciones forman parte de la nómina, pero también puede aportarlas usted mismo a través de una agencia de valores.

El Plan de Ahorro Universitario 529 está diseñado para gastos educativos. Las aportaciones se realizan con dinero después de impuestos, pero el crecimiento está libre de impuestos, y los retiros para gastos educativos calificados también están libres de impuestos. Esto hace que los planes 529 sean una excelente opción para ahorrar para la matrícula universitaria, los libros y otros gastos educativos de sus hijos. Por ejemplo, si empieza a aportar 200 $ al mes a un plan 529 cuando nazca tu hijo, podrías acumular una cantidad importante para cuando esté listo para ir a la universidad, toda la cual puede utilizarse libre de impuestos para su educación.

Elegir la cuenta con ventajas fiscales adecuada depende de sus necesidades y objetivos específicos. Si se centra en la jubilación, considere las ventajas de las cuentas IRA tradicionales frente a las Roth en función de sus tramos impositivos actuales y futuros previstos. Si le preocupan los costes de la atención sanitaria, una HSA puede ser un gran complemento a sus herramientas financieras. Para objetivos educativos, un plan 529 es una opción inteligente. Comparar estas opciones le ayudará a tomar decisiones informadas que se ajusten a su situación financiera y a sus planes futuros.

Abrir y aportar dinero a estas cuentas es muy sencillo. Para abrir una cuenta, puede acudir a una entidad financiera, como un banco o una agencia de valores, y rellenar la documentación necesaria. Muchas empresas también ofrecen planes 401(k) en los que puede inscribirse a través de su departamento de recursos humanos, así como HSA. Una vez creada la cuenta, considere la posibilidad de realizar aportaciones automáticas con cargo a su nómina. Así se asegurará de ahorrar constantemente sin tener que pensar en ello. Por ejemplo, puede decidir aportar el 10% de su salario a su 401(k) o establecer una transferencia mensual a su cuenta IRA o HSA. Las aportaciones automáticas facilitan el seguimiento de sus objetivos de ahorro, brindándole tranquilidad y seguridad financiera.

7.3 Estrategias para minimizar las obligaciones fiscales

La planificación fiscal no es algo que se hace una vez al año; es un proceso continuo que puede afectar significativamente a su bienestar financiero. Revisar periódicamente su situación financiera y realizar los ajustes necesarios a lo largo del año puede ayudarle a minimizar sus obligaciones fiscales y a sacar el máximo partido del dinero que tanto le ha costado ganar. Este enfoque proactivo le asegura que no estará luchando en el último minuto, tratando de encontrar deducciones o créditos para reducir su factura de impuestos. En su lugar, tomará decisiones financieras informadas que le permitirán controlar sus impuestos.

Una de las estrategias más eficaces para reducir la renta imponible es maximizar las aportaciones a cuentas con ventajas fiscales. Contribuyendo a cuentas como una 401(k), una IRA tradicional o una Cuenta de Ahorros para la Salud (HSA), puede reducir su renta imponible del año. Por ejemplo, si aporta 6.500 $ a una cuenta IRA tradicional, esa cantidad se deduce de su renta imponible, lo que puede situarse en un tramo impositivo más bajo. Del mismo modo, contribuir a una HSA no sólo reduce sus ingresos imponibles, sino que también proporciona una forma libre de impuestos para pagar los gastos médicos calificados. Estas aportaciones son beneficiosas para todos, ya que le ayudan a ahorrar para el futuro al tiempo que reducen su carga fiscal actual.

Aprovechar las ventajas de la empresa, como las Cuentas de Gastos Flexibles (FSA), es otra forma excelente de minimizar los impuestos. Las FOSA le permiten reservar dinero antes de impuestos para pagar gastos subvencionables de asistencia sanitaria y cuidado de dependientes. Esto significa que usted no paga impuestos sobre el dinero que aporta a la FSA, lo que reduce su renta imponible. Por ejemplo, si reserva 2.500 dólares en una FSA para gastos sanitarios, no tendrá que pagar impuestos por esa cantidad, lo que supone un importante ahorro a lo largo del año. Es una forma sencilla pero eficaz de gestionar tanto sus gastos sanitarios como sus obligaciones fiscales.

Hacer donaciones benéficas también puede reportar valiosas ventajas fiscales. Las donaciones a organizaciones benéficas cualificadas pueden deducirse de su renta imponible, reduciendo su carga fiscal total. Tanto se si dona dinero en efectivo, bienes o incluso activos apreciados como acciones, estas contribuciones pueden marcar una gran diferencia. Donar activos revalorizados, como acciones que han aumentado de valor, ofrece una doble ventaja: evita pagar el impuesto sobre plusvalías por la revalorización y obtiene una deducción por el valor total de mercado del activo. Por ejemplo, si dona acciones por valor de 5.000 $ que compró originalmente por 3.000

$, evitará pagar el impuesto sobre plusvalías por los 2.000 $ y recibirá una deducción de 5.000 $.

Llevar un registro detallado de sus contribuciones benéficas es crucial para reclamar estas deducciones. Asegúrese de tener recibos o acuses de recibo por escrito de las organizaciones benéficas, especialmente de las contribuciones superiores a 250 $. Estos registros serán necesarios a la hora de presentar la declaración de la renta y pueden ayudarle a justificar sus deducciones en caso de auditoría.

Mediante la aplicación de estas estrategias - maximizar las contribuciones a las cuentas con ventajas fiscales, la utilización de FSA, y hacer contribuciones caritativas - usted puede reducir significativamente su renta imponible y pagar menos impuestos. Si está pagando deudas, no se centre en estas estrategias todavía; vuelva a ellas una vez que las haya saldado. Revisar periódicamente su situación financiera y realizar ajustes estratégicos a lo largo del año le garantiza que siempre estará en la mejor posición para minimizar sus obligaciones fiscales.

7.4 Planificación para la temporada de impuestos

Imagínese que estamos a finales de marzo y se apresura a reunir toda la documentación para la declaración de la renta, sin saber si se le ha pasado algún formulario o recibo importante. El estrés de la temporada de impuestos es demasiado familiar para muchas familias, pero con un poco de preparación, puede convertir este momento caótico en un proceso suave y manejable. Estar preparado para la temporada de impuestos no sólo reduce el estrés, sino que también minimiza los errores que podrían costarle dinero o desencadenar una auditoría.

Empiece por crear una lista de comprobación de los documentos e información necesarios. Esta lista debe incluir los formularios W-2, 1099, declaraciones de intereses hipotecarios, gastos médicos, recibos de donaciones benéficas y cualquier otro documento pertinente. Contar con una lista de comprobación exhaustiva le garantiza que no pasará por alto ningún documento importante. Establezca un espacio dedicado a los documentos fiscales durante todo el año, como un cajón o una carpeta específica. Tan pronto como reciba cualquier fiscal documentos relacionados, coloquelos en este espacio designado. Este hábito le ahorrará tiempo y reducirá las confusiones de última hora.

Una guía mensual puede ayudarle a seguir el ritmo de las tareas de preparación de impuestos. En enero, concéntrese en recopilar todas sus declaraciones de ingresos, como los formularios W-2 y 1099. Estos formularios suelen llegar a finales de mes, así que no pierdas de vista tu buzón y tu correo electrónico. Febrero es el momento de organizar los recibos y la documentación para las deducciones. Ordena tus facturas médicas, donaciones benéficas y cualquier otro gasto deducible. Esta organización facilitará la introducción de datos en programas fiscales u hojas de cálculo y la entrega a su asesor fiscal. Para marzo, programe una reunión con un profesional fiscal si es necesario. Tanto si se enfrenta a situaciones fiscales complejas como si sólo desea tranquilidad, un profesional puede proporcionarle una valiosa orientación y garantizar la exactitud.

Utilizar un programa fiscal o contratar a un profesional puede hacer más llevadera la temporada de impuestos. Las opciones de software fiscal como TurboTax, H & R Block y TaxAct ofrecen interfaces fáciles de usar e instrucciones paso a paso. Estos programas pueden importar automáticamente sus W-2 y 1099, ahorrándole tiempo y reduciendo la posibilidad de errores. También ofrecen orientación sobre deducciones y créditos que, de otro modo, podrías pasar por alto. Compare estas opciones en función de sus necesidades y presupuesto para encontrar la más adecuada. Para situaciones fiscales más complejas, considere la posibilidad de contratar a un contador público o a un asesor fiscal. Los profesionales pueden ofrecer asesoramiento personalizado, ayudarte a navegar por leyes fiscales complicadas y representante en caso de auditoría. Si no está seguro de qué camino tomar, considere la posibilidad de empezar con un programa informático fiscal y recurrir a ayuda profesional si tiene problemas.

Evitar errores comunes en la temporada de impuestos puede ahorrarle tiempo y dinero. Es crucial comprobar dos veces los números de la Seguridad Social y otros datos personales. Un simple error tipográfico puede retrasar su reembolso o causar otros problemas. Asegúrese de que todos los nombres, direcciones y números de identificación son correctos. Revisar la declaración de la renta del año pasado también puede proporcionar información valiosa. Busque deducciones o créditos omitidos que pueda reclamar este año. Esta revisión también puede ayudarle a detectar cualquier cambio en su situación financiera que pueda afectar a su declaración actual. Por ejemplo, si has empezado un trabajo extra o has tenido un gasto médico importante, estos cambios podrían afectar a tus deducciones y créditos.

Por último, llevar un registro detallado a lo largo del año puede simplificar todo el proceso. Actualice periódicamente su lista de control con los nuevos documentos que vayan llegando. Esta organización continúa garantizando que tengas todo lo que necesitas cuando llegue el momento de presentar la declaración. Además, considera la posibilidad de utilizar aplicaciones de gestión financiera que te ayuden a controlar los gastos y clasificar las transacciones. Estas herramientas pueden proporcionar informes detallados, lo que facilita la identificación de los gastos deducibles y la recopilación de la documentación necesaria.

Planificar la temporada de impuestos implica algo más que apresurarse a presentar la declaración en abril. Si crea una lista de comprobación, crea un espacio dedicado a los documentos y sigue una guía mes a mes, podrá organizarse y reducir el estrés. Utilizar un software fiscal o contratar a un profesional puede simplificar aún más el proceso y garantizar la exactitud. Evitar errores comunes comprobando dos veces la información y revisando declaraciones anteriores puede ahorrarle tiempo y dinero. Con un poco de preparación y organización continúa, la temporada de impuestos puede convertirse en una parte manejable e incluso predecible de su rutina financiera.

7.5 Deducciones y créditos fiscales habituales para las familias

Comprender las deducciones y los créditos fiscales puede ayudarle a ahorrar una cantidad significativa de dinero en su factura de impuestos. Las deducciones y los créditos funcionan de manera diferente, pero ambos reducen la cantidad de impuestos que debe, aunque de formas distintas. Las deducciones fiscales reducen su renta imponible. Por ejemplo, si tiene 5.000 $ en deducciones y su renta imponible es de 50.000 $, su renta imponible se convierte en 45.000 $. Por otro lado, los créditos fiscales reducen los impuestos que debe en dólares. Así, si debe 3.000 $ en impuestos y tiene 1.000 $ en créditos, su factura fiscal se reduce a $2,000. Esta reducción directa hace que los créditos sean especialmente valiosos.

Hay varias deducciones comunes que pueden reducir significativamente su renta imponible. Una de las más importantes es la deducción de los intereses hipotecarios. Si es propietario de una vivienda, puede deducir los intereses pagados por su hipoteca, reduciendo así su renta imponible. Por ejemplo, si pagó 10.000 $ en intereses hipotecarios, puede deducirse esa cantidad, reduciendo su renta imponible en la misma cantidad. Otra deducción valiosa es la de los impuestos estatales y locales (SALT), que le permite deducir los impuestos estatales y locales sobre la renta, las ventas y la propiedad. Sin embargo, esta deducción tiene un límite de 10.000 $. Si vive en un Estado con elevados impuestos sobre la propiedad, esta deducción puede suponer un alivio considerable. Los gastos médicos también pueden deducirse, pero sólo si superan el 7,5% de su renta bruta ajustada. Esto incluye los gastos de atención médica, recetas e incluso algunos gastos de cuidados a largo plazo. Llevar un registro detallado de estos gastos es crucial para asegurarse de que puede reclamarlos con exactitud.

Los créditos fiscales ofrecen ahorros aún más directos, y varios son especialmente beneficiosos para las familias. El crédito fiscal para hijos, por ejemplo, proporciona hasta 2.000 $ por cada hijo menor de 17 años que cumpla los requisitos. Este crédito es parcialmente reembolsable, lo que significa que si el crédito supera su obligación tributaria, puede recibir hasta 1.400 $ como reembolso. El Crédito por Ingreso del Trabajo (EITC) es otro valioso crédito que ayuda a las familias trabajadoras con ingresos bajos o moderados. La cuantía varía en función de los ingresos y del número de hijos que cumplan los requisitos, pero puede proporcionar un reembolso sustancial. Por ejemplo, una familia con tres o más hijos puede recibir un crédito de hasta 6.728 $. El Crédito por Cuidado de Hijos y Dependientes ayuda a las familias a compensar el coste del cuidado de hijos o dependientes. Si paga por el cuidado para poder trabajar o buscar trabajo, puede reclamar hasta el 35% de 3.000 $ en gastos de cuidado por un hijo o 6.000 $ por dos o más, proporcionando un crédito máximo de 2.100 $.

Para poder acogerse a estas deducciones y créditos es necesario llevar un registro minucioso y cumplir las directrices del IRS. Para tener derecho al crédito fiscal por hijos, su hijo debe tener un número de la Seguridad Social válido, vivir con usted más de la mitad del año y no aportar más de la mitad de su propia manutención. Deberá tener a mano documentación como certificados de nacimiento y tarjetas de la Seguridad Social. Para recibir el EITC, debe cumplir los requisitos de ingresos y presentar una declaración de la renta, aunque no deba impuestos. El sitio web del IRS ofrece herramientas para ayudarte a determinar si cumple los requisitos. El crédito por cuidado de hijos y dependientes requiere que facilite el nombre, la dirección y el número de identificación fiscal del cuidador. Conserve los recibos y registros de todos los pagos realizados por los servicios de cuidado.

Reclamar estas deducciones y créditos en su declaración de la renta implica unos cuantos pasos. En primer lugar, reúna todos los documentos necesarios, como los W-2, los 1099, las declaraciones de intereses hipotecarios y los recibos de los gastos deducibles. Utilice un programa fiscal o consulte a un profesional para asegurarse de que introduce la información correctamente. Para las deducciones, detalladas en el Anexo A del Formulario 1040. Para créditos como el Child Tax Credit y EITC, siga las instrucciones de las secciones correspondientes del formulario 1040. Los registros detallados y la presentación precisa pueden maximizar sus ahorros y garantizar el cumplimiento de las leyes fiscales.

Comprender y utilizar las deducciones y los créditos fiscales puede reducir en gran medida su deuda tributaria y aumentar su reembolso. Conociendo las diferencias entre deducciones y créditos, identificando las deducciones más comunes y aprovechando los créditos fiscales más valiosos, puede tomar decisiones informadas que beneficien la salud financiera de su familia. La documentación adecuada y la presentación cuidadosa son esenciales para reclamar estos beneficios con precisión. Creo que los honorarios que paga a un profesional para que presente los impuestos en su nombre son una inversión que merece la pena. Le reclamarán cosas que usted mismo nunca sabría, así que creo que merece la pena el dinero.

Si le toca una devolución de impuestos, ¿qué debe hacer con ella? Odio parecer aburrido, pero si tiene deudas, lo primero que debe hacer es pagarlas. Supondrá una gran diferencia en el tiempo necesario para pagar el saldo restante y le ayudará a saldar su deuda antes. Si la deuda está saldada, lo siguiente es aumentar el fondo de emergencia. Si estás ahorrando para el depósito de una casa, esta es una gran suma global que puede ayudarte. como has leído, ser propietario de una vivienda tiene importantes ventajas fiscales, por lo que tener una casa lo antes posible tiene mucho sentido desde el punto de vista financiero. Si se han cumplido todos esos objetivos de ahorro, el dinero es todo tuyo para que hagas lo que quieras: piensa en unas vacaciones o date un capricho, al fin y al cabo, ¡te lo has ganado!

7.6 Planificación fiscal a largo plazo Estrategias

La planificación fiscal a largo plazo es como plantar un árbol. Cuanto antes empiece, más tiempo tendrá para crecer y dar sombra y frutos en los años venideros. Una planificación fiscal proactiva puede suponer un ahorro sustancial a lo largo del tiempo, permitiéndole sacar el máximo partido a sus ingresos e inversiones. Empezar su planificación fiscal a principios de año le da la ventaja del tiempo. Le permite hacer ajustes según sea necesario, en lugar de apresurarse en el último minuto. Este enfoque encaja perfectamente en la planificación financiera general, garantizando que las consideraciones fiscales se integren en sus objetivos financieros más amplios.

Los acontecimientos importantes de la vida pueden tener un impacto significativo en sus impuestos, y la planificación para estos acontecimientos puede ayudarle a navegar por las implicaciones fiscales sin problemas. Por ejemplo, el matrimonio puede afectar a su situación fiscal de varias maneras. La declaración conjunta como pareja casada puede proporcionar beneficios fiscales, como una mayor deducción estándar y tipos impositivos potencialmente más bajos. Sin embargo, también puede dar lugar a la "penalización por matrimonio", en la que sus ingresos combinados le sitúan en un tramo impositivo más alto. Es importante evaluar ambas opciones -la declaración conjunta y la separada- para determinar cuál es la más ventajosa para su situación. Del mismo modo, tener hijos introduce nuevas ventajas fiscales, como el crédito fiscal por hijos y exenciones adicionales. Planificar estas ventajas y ajustar las retenciones en consecuencia puede garantizar el máximo ahorro fiscal.

La compra de una vivienda es otro acontecimiento importante que puede afectar a sus impuestos. Los intereses hipotecarios y los impuestos sobre la propiedad son gastos deducibles, que pueden reducir su renta imponible. Además, los compradores de vivienda por primera vez pueden optar a créditos y deducciones específicos. La jubilación también conlleva importantes consideraciones fiscales. Las retiradas de fondos de las cuentas de jubilación, las prestaciones de la Seguridad Social y los posibles cambios en el estado civil requieren una planificación cuidadosa. Ajustar las retenciones y los pagos de impuestos estimados después de estos importantes cambios en la vida le garantiza el cumplimiento de la normativa y le evita facturas fiscales inesperadas.

Para ayudar a poner en práctica estas estrategias de planificación fiscal a largo plazo, existen diversas herramientas y recursos. Los programas informáticos de planificación fiscal, como TurboTax y H&R Block, ofrecen funciones que permiten proyectar las obligaciones fiscales futuras y explorar distintos escenarios. Estas herramientas pueden ayudarle a ver el impacto potencial de diversas estrategias, lo que facilita la planificación anticipada. Las hojas de cálculo y las calculadoras de planificación financiera también pueden ser útiles. Proporcionan una forma estructurada de evaluar su situación financiera, establecer objetivos y hacer un seguimiento de sus progresos. Utilizando estos recursos, puede adoptar un enfoque proactivo de la planificación fiscal, asegurándose de tomar decisiones informadas que beneficien a su salud financiera a largo plazo.

La planificación fiscal a largo plazo es esencial para maximizar su bienestar financiero. Comenzando pronto, considerando estrategias como las conversiones a Roth IRA, la sincronización de ingresos y deducciones, y la planificación de los acontecimientos importantes de la vida, puede reducir significativamente sus obligaciones fiscales. Utilice las herramientas y los recursos disponibles para aplicar estas estrategias de forma eficaz, asegurándose de que su planificación fiscal se adapte perfectamente a sus objetivos financieros generales. Este enfoque proactivo no sólo le ahorra dinero, sino que también le proporciona la tranquilidad de saber que está preparado para cualquier reto financiero que se le presente.

No pases al siguiente capítulo sin hacer lo siguiente;

1. Decida como va a registrar su información fiscal. ¿Será manualmente en una carpeta u hoja de cálculo o con un software como H & R Block o TurboTax?
2. Empieza la hoja de cálculo o compra el programa de impuestos. Controla tus gastos y deducciones
3. Reúnete con tu departamento de personal para conocer todas las deducciones de las que dispones
4. Empieza a hacer esas deducciones si puedes permitírtelo. Paga primero las deudas, luego haz estas deducciones una vez que estés libre de deudas.
5. Presentar la declaración de la renta

En el próximo capítulo, explicaremos como crear riqueza superando las barreras psicológicas y desarrollando una mentalidad monetaria sana.

Capítulo 8

Superar las barreras psicológicas y crear riqueza

Imagínese: Estás en la cola de la caja del supermercado y, mientras pasas la tarjeta, esperas en silencio que salga bien. Has estado evitando mirar tu cuenta bancaria, temiendo lo que te vas a encontrar. Este momento de temor es demasiado común y pone de relieve un aspecto crucial del éxito financiero: la superación de las barreras psicológicas. Comprender los obstáculos mentales que le impiden alcanzar la estabilidad financiera es el primer paso para crear riqueza y tranquilidad.

8.1 Reconocer las barreras psicológicas para el éxito financiero

Muchas barreras psicológicas pueden obstaculizar su progreso financiero. Una de las más importantes es el miedo al fracaso y al riesgo. Este miedo puede paralizar, haciéndole dudar a la hora de invertir o tomar medidas que podrían mejorar su situación financiera. Puede que piense: "¿Y si pierdo dinero?" o "¿Y si vuelvo a cometer los mismos errores?". Estos temores son válidos, pero pueden ser debilitantes si no se abordan. Por ejemplo, Kristi, una madre que se enfrentaba a importantes miedos financieros, se encontraba estancada porque tenía miedo de repetir errores del pasado. Temía que la echaran de su piso y no ser un buen ejemplo para su hijo.

Las compras impulsivas debidas a desencadenantes emocionales son otro obstáculo habitual. Cuando estás estresado, triste o incluso celebrando, es posible que te encuentres haciendo compras innecesarias. Estas pequeñas compras pueden acumularse y agotar tus finanzas sin que te des cuenta. La dilación y la evitación de las tareas financieras son también obstáculos importantes. Puede que evite pagar las facturas o comprobar su cuenta bancaria porque le resulta abrumador. Esta evasión conduce a problemas mayores, creando un ciclo de estrés e inestabilidad financiera.

El estrés financiero puede afectar gravemente a la toma de decisiones. Cuando estás estresado por el dinero, es más probable que tomes decisiones impulsivas, como pedir un préstamo de día de pago o hacer una compra grande e innecesaria. Este ciclo de estrés, que conduce a decisiones impulsivas, puede ser difícil de romper. El estrés financiero no sólo te afecta a ti, sino a toda tu familia. Las discusiones sobre dinero pueden tensar las relaciones, y la preocupación constante puede crear un ambiente tenso en casa. En esos momentos, es fundamental acudir a la familia o a grupos de apoyo. Compartir tus luchas puede aliviarte, y puede que descubras que los demás tienen valiosos consejos o recursos para ayudarte.

Para empezar a superar estas barreras, la autoevaluación es crucial. Reflexione sobre su comportamiento financiero e identifique los patrones que le frenan. Los ejercicios de autorreflexión pueden ayudarle a entender por qué toma determinadas decisiones financieras. Por ejemplo, lleve un diario de sus hábitos de gasto y anote las emociones que siente al comprar. Las pruebas de comportamiento financiero son otra herramienta útil. Estos cuestionarios pueden poner de relieve las áreas en las que podría necesitar cambiar su enfoque del dinero. También pueden ofrecerle información sobre sus puntos fuertes y débiles, ayudándole a desarrollar una estrategia más eficaz.

Los ejemplos de la vida real pueden ser increíblemente inspiradores a la hora de abordar las barreras psicológicas. Pensemos en la historia de una familia que dio un giro a su situación financiera afrontando sus miedos y cambiando sus hábitos. Empezaron elaborando un presupuesto realista y creando gradualmente un fondo de emergencia. Al fijarse objetivos pequeños y alcanzables, ganaron confianza y se liberaron de sus hábitos financieros negativos. Los testimonios de personas que han superado sus miedos financieros también pueden ser motivadores. Escuchar como otras personas se enfrentaron a dificultades similares y salieron adelante puede darte el ánimo que necesitas para dar el primer paso.

La historia de Kristi es un poderoso ejemplo de superación de los miedos financieros. Se enfrentaba a una gran inestabilidad financiera y se había retrasado en la declaración de la renta debido a un error en las retenciones. Al dividir la tarea de presentar las declaraciones de impuestos anteriores en pasos más pequeños y manejables, pudo abordar el problema sin sentirse abrumada. Kristi presentó con éxito sus declaraciones de impuestos anteriores, recibió reembolsos y utilizó el dinero para pagar préstamos familiares. También se enfrentó a las agencias de cobro verificando las deudas, comprendiendo sus derechos y negociando acuerdos. Hoy en día, Kristi mantiene un presupuesto, tiene un fondo de emergencia y sigue trabajando para alcanzar sus objetivos financieros.

Reconocer y abordar las barreras psicológicas es esencial para el éxito financiero. El miedo al fracaso, las compras impulsivas y la procrastinación pueden frenarlo, pero comprender estas barreras y tomar medidas para superarlas puede encaminarse hacia la estabilidad financiera. Reflexionando sobre su comportamiento financiero, buscando apoyo y aprendiendo de ejemplos de la vida real, puede liberarse de patrones negativos y construir la riqueza y la seguridad que su familia merece.

8.2 Desarrollar una mentalidad monetaria sana

Una mentalidad monetaria positiva es crucial para el éxito financiero. Imagine que se levanta cada mañana con una sensación de optimismo sobre su futuro financiero. Esta perspectiva puede cambiar su forma de gestionar el dinero, haciéndo lo más proactivo y menos temeroso. La diferencia entre una mentalidad de escasez y una mentalidad de abundancia es profunda. Una mentalidad de escasez se centra en las limitaciones y los miedos, creyendo que nunca hay suficiente. Esta mentalidad lleva a menudo a acumular dinero o a evitar inversiones por miedo. Por el contrario, una mentalidad de abundancia ve oportunidades y cree en el crecimiento. Te anima a asumir riesgos calculados, a invertir con prudencia y a creer en la posibilidad del éxito financiero.

Su actitud hacia el dinero influye significativamente en su comportamiento financiero. Cuando adoptas una mentalidad positiva, es más probable que tomes decisiones que beneficien tu salud financiera a largo plazo. Por ejemplo, en lugar de ver un presupuesto como una restricción, lo ves como una herramienta para alcanzar tus objetivos. Este cambio de perspectiva puede llevarle a tomar mejores decisiones financieras, como ahorrar de forma más constante o invertir en oportunidades que se ajusten a sus objetivos. Una mentalidad monetaria positiva también reduce el estrés, lo que facilita la gestión de los contratiempos financieros. En lugar de entrar en pánico, confías en que puedes superar los retos y seguir progresando.

El cambio a una mentalidad monetaria sana implica pasos prácticos que pueden transformar los patrones de pensamiento negativos. Empiece con afirmaciones diarias y una auto conversación positiva. Frases sencillas como "Soy capaz de gestionar mis finanzas" o "Cada dólar que ahorro me acerca más a mis objetivos" pueden reforzar una actitud positiva. Los ejercicios de visualización son otra herramienta poderosa. Dedique unos minutos al día a imaginar su éxito financiero, ya sea saldar deudas, comprar una casa o ahorrar para la jubilación. Visualizar estos resultados hace que parezcan más alcanzables, invitándole a dar los pasos necesarios para conseguirlos.

La gratitud desempeña un papel importante en el bienestar financiero. Cuando te centras en lo que tienes en lugar de en lo que te falta, tus perspectivas financieras mejoran. Llevar un diario de gratitud puede ser una práctica útil. Escriba cada día algunas cosas por las que esté agradecido, especialmente las relacionadas con sus finanzas. Puede ser algo tan sencillo como tener un trabajo estable, poder pagar las facturas a tiempo o ahorrar una pequeña cantidad cada mes. Esta práctica desplaza tu atención de la escasez a la abundancia, resaltando los aspectos positivos de tu situación financiera. Con el tiempo, este cambio puede reducir el estrés financiero y aumentar su sensación general de bienestar.

Ejemplos reales de transformación de la mentalidad pueden ilustrar el poder de una mentalidad monetaria sana. Veamos la historia de Mark, que durante años luchó contra una mentalidad de escasez. Se preocupaba constantemente por el dinero, evitaba invertir y acumulaba sus ahorros. Después de aprender sobre la mentalidad de abundancia, empezó a practicar afirmaciones diarias y ejercicios de visualización. Poco a poco, su perspectiva cambió. Empezó a invertir en oportunidades de bajo riesgo, creó un presupuesto que se ajustaba a sus objetivos y vio crecer sus ahorros. Esta transformación no se produjo de la noche a la mañana, pero el cambio de mentalidad fue el catalizador de su éxito financiero.

Las familias también pueden beneficiarse significativamente de la adopción de una mentalidad de abundancia. Tomemos como ejemplo a la familia Adams. Solían ver el dinero como una fuente de estrés y conflicto. Al centrarse en la gratitud y en unos hábitos financieros positivos, consiguieron cambiar su perspectiva. Empezaron a involucrar a sus hijos en las discusiones financieras, enseñándoles el valor del ahorro y la inversión. Con el tiempo, su situación financiera mejoró y lograron hitos importantes, como saldar deudas y ahorrar para la universidad. Este cambio de mentalidad creó una dinámica familiar más positiva y colaborativa, alineando los esfuerzos de todos hacia objetivos financieros comunes.

Desarrollar una mentalidad sana respecto al dinero es esencial para alcanzar el éxito financiero. Al comprender la diferencia entre una mentalidad de escasez y una de abundancia, puede cambiar su perspectiva y tomar mejores decisiones financieras. Pasos prácticos como afirmaciones diarias, ejercicios de visualización y prácticas de gratitud pueden transformar su perspectiva. Ejemplos de la vida real demuestran que estos cambios no son sólo teóricos, sino que pueden conducir a un crecimiento financiero sustancial y a la estabilidad de individuos y familias por igual.

8.3 Superar el miedo y la ansiedad ante el dinero

Imagine que mira fijamente un estado financiero y siente que un nudo de ansiedad le aprieta el pecho. No es usted el único. Muchas familias se enfrentan a miedos financieros que pueden obstaculizar su progreso. Uno de los temores más comunes es el miedo a invertir y perder dinero. Este miedo puede paralizar, haciéndole vacilar a la hora de poner su dinero en cualquier cosa que conlleve riesgo. Puede pensar: "¿Y si el mercado se desploma?" o "¿Y si hago la inversión equivocada?". Estas preocupaciones son comprensibles, sobre todo si se ha enfrentado a reveses financieros con anterioridad. La ansiedad por las deudas y la inestabilidad financiera es otro obstáculo importante. La idea de acumular deudas puede ser abrumadora, lo que le lleva a evitar por completo enfrentarse a ellas. Esta evasión no hace sino agravar el problema, creando un ciclo de estrés e inestabilidad financiera.

El miedo y la ansiedad pueden influir considerablemente en sus decisiones financieras, lo que a menudo le lleva a no actuar o a tomar decisiones equivocadas. Cuando uno está constantemente preocupado por el dinero, es fácil dejar pasar oportunidades de inversión que podrían hacer crecer su patrimonio. Por ejemplo, muchas personas evitan invertir en bolsa porque temen perder sus ahorros. Este miedo puede hacer que se pierdan oportunidades de crecimiento financiero significativo. La carga psicológica de la constante preocupación es inmensa. Puede afectar a tu sueño, a tus relaciones y a tu bienestar general. Cuando estás estresado por el dinero, es difícil pensar con claridad y tomar decisiones racionales. Este estrés puede llevarle a tomar decisiones impulsivas, como pedir préstamos con intereses altos o hacer compras innecesarias, que no hacen sino empeorar su situación financiera.

Para gestionar y superar estos miedos, considere la posibilidad de adoptar técnicas de atención plena y relajación. La atención plena implica mantenerse presente y centrado en el momento actual, lo que puede ayudar a reducir la ansiedad. Prácticas sencillas como ejercicios de respiración profunda o meditaciones guiadas pueden marcar una gran diferencia. Estas técnicas pueden ayudarle a mantener la calma y la concentración, lo que le facilitará abordar las tareas financieras sin sentirse abrumado. Buscar ayuda profesional, como terapia o asesoramiento financiero, también puede ser beneficioso. Un terapeuta financiero puede ayudarle a comprender las causas profundas de sus temores financieros y a desarrollar estrategias para superarlos. Puede proporcionarle un espacio seguro para hablar de sus ansiedades y ofrecerle consejos prácticos para gestionar sus finanzas de forma más eficaz.

Los ejemplos de la vida real pueden servir de inspiración y motivación. Consideremos la historia de Tom, que estaba paralizado por el miedo a invertir debido a una pérdida financiera anterior. Tras pedir ayuda a un asesor financiero, aprendió a controlar su ansiedad y empezó a invertir pequeñas cantidades en opciones de bajo riesgo. Con el tiempo, su confianza aumentó y también lo hicieron sus inversiones. Otro ejemplo es el de la familia López, que se enfrentaba a una gran ansiedad por sus crecientes deudas. Buscaron la ayuda de un asesor financiero que les ayudó a crear un presupuesto realista y un plan de amortización de la deuda. Dando pasos pequeños y manejables, redujeron gradualmente su deuda y aliviaron su ansiedad. Estas historias demuestran que es posible superar los miedos financieros con el apoyo y las estrategias adecuadas.

Los miedos financieros pueden frenarte, pero no tienen por qué definir tu futuro financiero. Permítame repetirlo porque es muy importante: los **miedos financieros pueden frenarlo, pero no tienen por qué definir su futuro financiero**. Al reconocer y abordar tus miedos, puedes tomar el control de tus finanzas y construir un futuro más seguro para tu familia. La atención plena y la ayuda profesional son herramientas valiosas para gestionar la ansiedad, y las historias de la vida real demuestran que superar estos temores es alcanzable.

8.4 Fomentar la confianza financiera mediante la educación

La educación desempeña un papel fundamental en el desarrollo de la confianza financiera. Piense en las veces que se ha sentido seguro porque sabía exactamente lo que estaba haciendo. Esa misma confianza puede extenderse a sus finanzas cuando se dota de conocimientos. Los conocimientos financieros están directamente relacionados con la confianza. Cuando entiendes como funciona el dinero, tomas mejores decisiones y reduces el estrés que suele acompañar a la gestión financiera. Por ejemplo, conocer los conceptos básicos del interés compuesto puede ayudarte a tomar decisiones de inversión informadas, mientras que entender como hacer un presupuesto puede evitar que vivas de cheque en cheque.

Reducir el estrés financiero mediante la educación no es algo teórico, sino práctico y factible. Por ejemplo, Sarah. Solía entrar en pánico cada vez que llegaba una factura. Después de hacer un curso online de finanzas personales, aprendió a crear un presupuesto y a gestionar sus gastos. Este conocimiento transformó su vida financiera, convirtiendo el estrés en una sensación de control. Los recursos educativos pueden proporcionar esta transformación. Libros como este o cursos en plataformas en línea como Coursera y Udemy tienen cursos sobre finanzas personales que se pueden tomar a tu propio ritmo. Este libro, a medida que lo lees, puede parecer abrumador al principio con un montón de nueva jerga financiera con la que no estás familiarizado. No hace falta que entiendas todos los detalles a la primera. Anota las cosas que vas a hacer de inmediato y en las que te centrarás más adelante, cuando tengas la cabeza despejada. Háblalo durante de la Noche del Dinero mensuales y sigue avanzando en tu educación monetaria. A medida que avances, descubrirás que tus objetivos cambian y se hacen más grandes de lo que creías posible.

El aprendizaje continuo le mantiene informado sobre cuestiones financieras, lo que le garantiza ir por delante en la gestión de su dinero. Unirse a grupos o foros de educación financiera puede ser increíblemente beneficioso. Estas comunidades ofrecen apoyo, responden a preguntas y comparten experiencias. Asistir a seminarios y talleres añade otro nivel de comprensión. Estos eventos suelen contar con expertos que ofrecen ideas y consejos que quizá no encuentres en ningún otro lugar. No se puede subestimar el poder de transmitir lo que se aprende. Enseñar a tus hijos o hablar de estrategias financieras con tus amigos refuerza tus conocimientos y ayuda a los demás a mejorar su cultura financiera.

Las historias de éxito de personas que han dado un giro a sus finanzas a través del aprendizaje pueden ser increíblemente inspiradoras. Por ejemplo, John, que estaba ahogado por las deudas y se sentía desesperado. Tras inscribirse en un curso de educación financiera, aprendió a crear un plan de amortización y a elaborar un presupuesto eficaz. En dos años saldó todas sus deudas y empezó a ahorrar para comprar una casa. Los testimonios de familias que se formaron y lograron la estabilidad financiera ofrecen una hoja de ruta de lo que es posible. La familia Jeffrey, por ejemplo, asistió junta a talleres financieros y aplicó lo aprendido. Pasaron de vivir de cheque en cheque a tener una cuenta de ahorros sólida y una estrategia de inversión clara. Crear confianza financiera a través de la educación es algo más que leer un libro o hacer un curso. Se trata de aplicar lo aprendido y buscar continuamente nuevos conocimientos. Este enfoque te capacita para tomar decisiones informadas, reduce el estrés financiero y construye un futuro seguro para ti y tu familia.

El papel de la educación en la confianza financiera es innegable. La correlación entre cultura financiera y confianza es clara: cuanto más se sabe, mejores decisiones se pueden tomar. Este conocimiento reduce el estrés, transformando la gestión financiera de una fuente de ansiedad a una fuente de empoderamiento. Los recursos para mejorar los conocimientos financieros son abundantes. Las listas de lecturas recomendadas pueden guiarle hacia libros que ofrecen consejos prácticos, como "The Latte Factor", de David Bach, o "Your Money or Your Life", de Vicki Robin.

Los beneficios del aprendizaje continuo son inmensos. Unirse a grupos o foros de educación financiera le permite relacionarse con otras personas que comparten sus objetivos, lo que le proporciona apoyo y motivación. Asistir a seminarios y talleres le ofrece la oportunidad de aprender de expertos y adquirir conocimientos que puede aplicar a su estrategia financiera. Compartir lo que aprendes con los demás no sólo refuerza tus conocimientos, sino que también ayuda a los que te rodean a mejorar su cultura financiera.

Las historias de éxito ponen de relieve el poder transformador de la educación. Pensemos en Lisa, que siempre estaba estresada por el dinero. Tras asistir a un curso de elaboración de presupuestos, aprendió a gestionar eficazmente sus ingresos y gastos. Esta formación le dio confianza para empezar a invertir y, en pocos años, sus ahorros aumentaron considerablemente. Los testimonios de familias que lograron la estabilidad financiera a través de la educación ilustran aún más estos beneficios. La familia Thompson asistió a talleres financieros y aplicó lo aprendido a su vida diaria. Pasarón de la inseguridad financiera a una situación en la que podían ahorrar comodamente para la educación universitaria de sus hijos y su propia jubilación.

8.5 Creación de una rutina de creación de riqueza

Establecer una rutina de creación de riqueza puede transformar su futuro financiero. Piense en ello como la creación de una serie de hábitos que, con el tiempo, conducen a un éxito financiero significativo. La clave es la constancia. Al igual que cepillarse los dientes a diario mantiene su salud dental a raya, los hábitos financieros regulares mantienen y aumentan su patrimonio. Acciones diarias sencillas, como controlar los gastos, pueden marcar una gran diferencia. Las rutinas semanales, como actualizar su presupuesto, le mantienen en el buen camino. Los hábitos mensuales, como revisar el rendimiento de sus inversiones, garantizan el cumplimiento de sus objetivos financieros. Cada una de estas pequeñas acciones, cuando se lleva a cabo con constancia, contribuye a un futuro financiero estable y próspero.

La creación de una rutina de creación de riqueza comienza con el establecimiento de objetivos financieros claros. Empieza por identificar lo que quieres conseguir. ¿Está ahorrando para el pago inicial de una casa? ¿Planea jubilarse? ¿O tal vez desea constituir un fondo de emergencia? Escribe tus objetivos y dividelos en pasos más pequeños y manejables. Haz un seguimiento regular de tus progresos para mantener la motivación. Utiliza una sencilla hoja de cálculo o una aplicación financiera para controlar tus ahorros, gastos e inversiones. Este seguimiento te ayuda a ver adónde va tu dinero y te permite hacer los ajustes necesarios. Revisar y ajustar con regularidad tu presupuesto e inversiones te asegura mantener el rumbo y adaptarte a cualquier cambio en tu situación financiera.

La automatización desempeña un papel crucial en la creación de riqueza. Al automatizar sus ahorros e inversiones, se asegura la coherencia sin tener que pensar en ello constantemente. Establezca transferencias automáticas de su cuenta corriente a sus cuentas de ahorro e inversión. De este modo, una parte de tus ingresos se destina directamente a aumentar tu patrimonio antes de que tengas la oportunidad de gastarlo. Las aplicaciones financieras pueden facilitar aún más este proceso. Aplicaciones como Raíz u Oportun ahorran automáticamente pequeñas cantidades basándose en tus patrones de gasto. También pueden redondear tus compras al dólar más cercano e invertir el cambio sobrante. Estos sistemas automatizados te ayudan a acumular riqueza sin esfuerzo y de forma constante.

Ejemplos de la vida real pueden ilustrar el poder de una rutina de creación de riqueza. Tomemos la historia de Lisa y Mark, una pareja que decidió automatizar sus ahorros e inversiones. Establecieron transferencias automáticas a sus cuentas de jubilación y de ahorro para la educación de sus hijos. Cada mes, una parte de sus ingresos iba directamente a esas cuentas sin que tuvieran que mover un dedo. Con los años, vieron como sus ahorros crecían sin parar. También revisaban su presupuesto en sus reuniones mensuales sobre el dinero y hacían los ajustes necesarios. Esta constancia dio sus frutos y les permitió alcanzar sus objetivos financieros y construir un futuro seguro para su familia.

Otro ejemplo inspirador es el de la familia Foy. Crearon una rutina de creación de riqueza que incluía reuniones familiares periódicas para hablar de sus objetivos y progresos financieros. Se fijaron objetivos claros, como saldar deudas y ahorrar para las vacaciones, y siguieron sus progresos en una hoja de cálculo compartida. También automatizan sus ahorros, asegurándose de que una parte de sus ingresos se destina cada mes a diferentes cuentas de ahorro e inversión. Esta rutina les ayudó a mantenerse centrados y motivados y, con el tiempo, experimentaron un crecimiento financiero significativo.

Sus hábitos constantes y sus objetivos claros transformaron su situación financiera, proporcionándoles estabilidad y tranquilidad.

Crear una rutina de creación de riqueza consiste en establecer hábitos financieros regulares que conduzcan al éxito a largo plazo. La coherencia en las acciones diarias, semanales y mensuales, como el seguimiento de los gastos, la actualización de los presupuestos y la revisión de las inversiones, es clave. El establecimiento de objetivos financieros claros y la automatización del ahorro y las inversiones garantizan que se mantenga en el buen camino sin esfuerzo constante. Ejemplos de la vida real, como los de Lisa y Mark o la familia Foy, muestran como estas rutinas pueden conducir a un crecimiento y una estabilidad financieros significativos. Si incorporas estos hábitos a tu vida diaria, podrás construir un futuro financiero seguro y próspero para tu familia.

Así que le sugiero que organice una reunión mensual sobre el dinero con su cónyuge o su familia. Hazlo divertido, prepara una buena comida y abre una botella de vino. En las primeras etapas de estas reuniones, será la creación de presupuestos y aclarar sus objetivos, pero una vez que todo está hecho es una reunión de control. ¿como va nuestro presupuesto? ¿Necesitamos hacer algún ajuste? Se acercan las Navidades, así que tenemos que ahorrar para eso y tal vez recortar en alguna otra cosa para conseguirlo. Comprueba como van tus inversiones. ¿Necesitas vender algo o equilibrar tu cartera? ¿Se están realizando los pagos automáticos a las cuentas de jubilación, a los fondos para la universidad o al fondo de emergencia? ¿como va su plan de pago de deudas? ¿Puedes acelerarlo con la devolución de impuestos que has recibido o pagando una cuota mayor ahora que has liquidado una tarjeta de crédito? Comprueba los objetivos que te has marcado: ¿estás en el buen camino para alcanzarlos? ¿Necesitas ajustar algo? ¿Quieres añadir nuevos objetivos? A continuación, celebra todo lo que has conseguido. Antes de empezar este viaje estabas en una posición peor, ahora has hecho progresos significativos para tu futuro financiero; ¡salud por ello!

8.6 Celebrar hitos financieros y progresos

Imagínese la satisfacción de pagar por fin una tarjeta de crédito que le ha estado rondando la cabeza durante años. Celebrar estos hitos es algo más que una palmadita en la espalda: es una poderosa motivación para seguir progresando. Reconocer sus logros puede subirle la moral y mantenerlo centrado en sus objetivos financieros. Cuando se reconoce el esfuerzo realizado, se refuerzan los comportamientos financieros positivos, lo que facilita el compromiso con el plan. Celebrar logros como alcanzar un objetivo de ahorro, pagar un préstamo o ceñirse a un presupuesto durante varios meses puede proporcionarle el estímulo que necesita para seguir adelante.

Hay muchas formas creativas y significativas de celebrar los logros financieros. Planificar una excursión familiar o una cena especial puede ser una forma maravillosa de celebrar estos logros. Por ejemplo, si ha saldado una deuda importante, piense en invitar a su familia a pasar un día en el zoo o en su restaurante favorito. Esta celebración no tiene por qué ser extravagante; la clave es que sea memorable y agradable. Otra idea es establecer un sistema de recompensas por alcanzar objetivos financieros. Puedes crear una lista de recompensas por distintos hitos, como una escapada de fin de semana por alcanzar un objetivo de ahorro importante o un nuevo gadget por ceñirse sistemáticamente a tu presupuesto. Si todavía estás pagando muchas deudas, considera la posibilidad de hacer una celebración, como un picnic en el parque o un día en la playa con los amigos. No hace falta que sea mucho, es el concepto de celebración en lo que debes centrarte y compartirlo con los demás. Estas recompensas pueden hacer que el proceso de gestionar el dinero sea más agradable y proporcionar incentivos tangibles para seguir por el buen camino.

La reflexión desempeña un papel crucial en el crecimiento financiero. Dedicar tiempo a repasar su trayectoria y aprender de sus experiencias puede proporcionar valiosos conocimientos. Llevar un diario financiero es una forma excelente de seguir sus progresos y registrar las lecciones aprendidas. Puede anotar sus logros, retos y estrategias que han funcionado bien. Este diario se convierte en una guía personal que puede consultar siempre que necesite un impulso de motivación o un recordatorio de lo lejos que ha llegado. Revisar y celebrar periódicamente los éxitos pasados también te ayuda a mantenerte centrado en tus objetivos. Reserve un tiempo cada mes o trimestre para reflexionar sobre sus logros financieros. Esta práctica no sólo refuerza los comportamientos positivos, sino que también le ayuda a identificar áreas de mejora.

Los ejemplos de la vida real pueden ser increíblemente motivadores cuando se trata de celebrar hitos financieros. Pensemos en la historia de la familia Anderson. Llevaban años luchando contra las deudas, pero por fin consiguieron saldar una parte importante gracias a un presupuesto y un ahorro disciplinados. Para celebrarlo, planearon unas pequeñas vacaciones familiares, algo que habían pospuesto durante mucho tiempo. Esta celebración no sólo marcó su logro, sino que también reforzó su determinación de continuar su viaje financiero. Los testimonios de personas que han celebrado sus logros financieros también pueden servir de inspiración. Por ejemplo, Sarah, madre soltera, celebró el pago de sus préstamos estudiantiles organizando una pequeña cena para amigos y familiares. Este evento fue una forma de compartir su éxito y dar las gracias a quienes la apoyaron en el camino.

Otra historia impactante es la de James, que utilizó la celebración como herramienta para seguir cosechando éxitos. Tras alcanzar su objetivo de ahorro para un fondo de emergencia, se regaló un par de zapatillas de correr nuevas y se apuntó a una maratón. Esta recompensa personal no sólo celebraba sus logros económicos, sino que también le animaba a fijarse nuevos objetivos, tanto económicos como personales. Al vincular su éxito financiero a algo que le apasionaba, James encontró una motivación adicional para mantener sus hábitos financieros positivos.

Celebrar los hitos financieros es algo más que un simple reconocimiento; se trata de motivar el progreso continuado, reflexionar sobre el camino recorrido y aprender de las experiencias. Ya sea planificando una salida familiar, estableciendo un sistema de recompensas o llevando un diario financiero, estas prácticas pueden reforzar los comportamientos financieros positivos y proporcionar el estímulo necesario para seguir por el buen camino. Los ejemplos y testimonios de la vida real demuestran que celebrar los logros puede ser una herramienta poderosa para el crecimiento y la estabilidad financiera. Así pues, tómese su tiempo para reconocer su esfuerzo y disfrute del camino hacia el éxito financiero.

Al celebrar sus logros financieros, creará un ciclo positivo de motivación y progreso. En este capítulo se ha destacado la importancia de reconocer los logros, de ofrecer formas creativas de celebrarlos y de los beneficios de la reflexión. A medida que avance, recuerde que cada hito es un paso más hacia sus objetivos financieros. A continuación, explicaremos como construir un futuro financiero seguro para su familia, centrándonos en estrategias que garanticen la estabilidad y el crecimiento a largo plazo.

No pases al siguiente capítulo sin hacer lo siguiente;

1. Descárgate una aplicación como Balance o Calm y escucha algunas meditaciones. Puedes tardar tan solo 5 minutos en hacer un cambio de mentalidad que puede durar todo el día.
2. Considera la posibilidad de escribir un diario, ya sea un diario de gratitud o simplemente escribir como te sientes.
3. Decide si deberías acudir a un asesor financiero, si necesitas ayuda, es una inversión que merece la pena.
4. Establezca un calendario para las reuniones mensuales sobre el dinero y cúmplase.
5. Establece recompensas para cuando consigas hitos y celébralo.

Conclusión

Ahora que llegamos al final de "Libertad financiera simplificada", dediquemos un momento a reflexionar sobre el viaje que hemos emprendido juntos. La educación financiera puede parecer abrumadora, pero comprender lo básico es crucial para construir un futuro seguro para su familia. Recuerde que desarrollar una mentalidad financiera sana es la base. Tus creencias sobre el dinero determinan tus decisiones, así que establece objetivos financieros realistas y desafía cualquier creencia negativa que te frene.

Crear un presupuesto y ceñirse a él es su hoja de ruta hacia la estabilidad financiera. Si dominas las técnicas presupuestarias, podrás gestionar tus finanzas, reducir gastos innecesarios y crear un fondo de emergencia. No se trata sólo de recortar gastos, sino de tomar decisiones informadas que se ajusten a los valores y objetivos de tu familia. Empieza con algo pequeño, como ahorrar 50 $ al mes, y observa como estos hábitos se convierten en mejoras financieras significativas con el tiempo.

Las deudas pueden parecer una pesada carga, pero con estrategias como los métodos de Reducción de Deudas y Acelerador de Deudas, puedes eliminarlas sistemáticamente. Céntrate en pagar primero las deudas más pequeñas para obtener ganancias rápidas, o aborda las deudas con intereses altos para ahorrar en costes por intereses. Encuentra lo que mejor se adapte a ti y mantén tu compromiso. Liberarse de las deudas le dará un respiro para centrarse en otros objetivos financieros.

Invertir puede parecer intimidante, pero es una de las formas más eficaces de crear riqueza a largo plazo. Empiece con conceptos básicos como acciones, bonos y fondos de inversión, y recuerde la importancia de la diversificación. Los fondos indexados de bajo coste son un buen punto de partida para las familias. Ofrecen una amplia exposición al mercado con comisiones mínimas. Cuanto antes empiece a invertir, más podrá beneficiarse del interés compuesto, haciendo crecer su patrimonio con el tiempo.

Planificar la jubilación es esencial. Calcule sus necesidades, conozca las distintas cuentas de jubilación y aplique estrategias de ahorro a largo plazo. No se trata sólo de cuánto ahorra, sino de como lo ahorra. Contribuir a cuentas con ventajas fiscales puede maximizar sus ahorros y proporcionarle un futuro más seguro. No espere a que sea demasiado tarde; empiece a planificar ahora para asegurarse una jubilación comoda.

Enseñar a sus hijos lo que es el dinero es uno de los mejores regalos que puede hacerles. La educación financiera debe empezar pronto. Proporcionales lecciones adecuadas a su edad y fomente buenos hábitos de ahorro e inversión. Utiliza situaciones cotidianas para enseñarles el presupuesto, el ahorro y el valor del dinero. Esto les preparará para una vida de decisiones financieras inteligentes.

Puede que la planificación fiscal no sea el tema más apasionante, pero es vital para maximizar tus ahorros. Utiliza cuentas con ventajas fiscales, minimiza las obligaciones y lleva un registro organizado. Conocer tu tramo impositivo y planificar en consecuencia puede suponer una diferencia significativa en tu sueldo neto. Estrategias sencillas como contribuir a una cuenta de jubilación o utilizar una HSA pueden ahorrarte dinero a largo plazo.

Todos nos enfrentamos a barreras psicológicas cuando se trata de dinero. Superar estas barreras es crucial para el éxito financiero. Desarrolle una mentalidad positiva en relación con el dinero y cree rutinas de creación de riqueza. Afrontar de frente los miedos y ansiedades relacionados con el dinero puede transformar sus decisiones financieras. Recuerde que está bien buscar asesoramiento profesional si necesita orientación personalizada. Los terapeutas y asesores financieros pueden proporcionarle un valioso apoyo y ayudarle a desenvolverse en situaciones financieras complejas.

Empieza poco a poco y ve creciendo poco a poco. Fíjate objetivos financieros concretos y haz un seguimiento de tus progresos. Utiliza las aplicaciones y los recursos que te he proporcionado a lo largo de este libro. No dudes en buscar asesoramiento profesional si lo necesitas. El éxito financiero es un viaje que requiere persistencia y resistencia. Sigue aprendiendo y adaptándome a medida que avanzas.

Quiero reafirmar tu capacidad para triunfar. Con los conocimientos y las herramientas adecuadas, puedes mejorar tu situación financiera. Yo he estado donde tú estás, sintiéndome abrumado e inseguro. Pero a base de ensayo y error, he aprendido que la estabilidad financiera es alcanzable. Usted tiene el poder de cambiar su futuro financiero. Sé perseverante, aprende de tus errores y nunca te rindas.

A medida que avances, expresa confianza en tu futuro. Ahora tiene los conocimientos para construir un futuro financiero seguro y próspero para usted y su familia. Recuerde que no se trata de perfección, sino de progreso. Cada paso que das, por pequeño que sea, te acerca más a tus objetivos financieros. Creo en usted y estoy seguro de que, con la mentalidad y las estrategias adecuadas, podrá alcanzar el éxito financiero.

Gracias por acompañarme en este viaje. Brindo por un futuro financiero más brillante y seguro para usted y su familia. Le deseo mucho éxito.

$$* * *$$

Marque la diferencia con su reseña

Las personas que dan sin esperar nada a cambio viven vidas más felices. Entonces, ¡marquemos la diferencia juntos!

¿Ayudaría a alguien como usted, que tiene curiosidad por la libertad financiera pero no sabe por dónde empezar?

Mi misión es hacer que la libertad financiera sea comprensible para todos.

Pero para llegar a más personas, necesito tu ayuda.

La mayoría de la gente elige libros basándose en reseñas. Entonces, te pido que ayudes a alguien más dejando una reseña.

No cuesta nada y toma menos de un minuto, pero podría cambiar el camino financiero de alguien y cambiar el futuro de una familia. Tu reseña podría ayudar...

... una familia más sale de sus deudas
   ... un padre construye su fondo de emergencia para su familia
   ... un niño entiende el dinero para empezar su vida mejor que cuando empezó
   ... una persona más toma el control de sus finanzas
   ... un sueño más hecho realidad

Para marcar la diferencia, simplemente escanee el código QR a continuación o haga clic en el enlace y deje una reseña:
   https://amzn.to/4fHcG9x

Si te encanta ayudar a los demás, eres mi tipo de persona. ¡Gracias desde el fondo de mi corazón!

Emma Maxwell

Referencias

- *Comprender* la importancia de la mentalidad *en la* ... https://www.conov ercompany.com/understanding-the-importance-of-mindset-in-financ ial-literacy/
- *La educación financiera* ayuda a las familias a prosperar https://www.acf.h hs.gov/css/ocsevoiceblog/2021/04/financial-literacy-helps-families-thr ive
- *como fijar objetivos financieros* E.M.A.R.L *(con ejemplos)* https://finmasters. co m/smart-financial-goals/
- Tipos *de presupuestos domésticos* https://www.aia.com/en/health-wellnes s/healthy-living/healthy-finances/household-budget-types
- *como crear un presupuesto en 6 sencillos pasos - Better Money Habits* https://bette rmoneyhabits.bankofamerica.com/en/saving-budgeting/cr eating-a-budget
- *Las mejores aplicaciones de presupuesto para familias (2024): 7 herramientas para gestionar el dinero en casa* https://marriagekidsandmoney.com/best-budget-apps-for-families/
- *10 maneras de reducir gastos* https://www.experian.com/blogs/ask-experi an/how-to-reduce-expenses/
- *Pasos sencillos para crear un fondo de emergencia con un presupuesto* ajustado https://thedollarstretcher.com/personal financc/ways-to-build-emerg ency-fund-on- tight-budget/
- *Deuda garantizada frente a deuda no garantizada: ¿Cuál es la diferencia?* https://www.investopedia.com/ask/answers/110614/what-difference-be

tween-secured-and-unsecured-debts.asp#:~:text=Secured%20loans%2
0require%20some%20sort,creditworthy%20in%20the%20lender's%20
eyes.

- *Esta pareja utilizó el método de amortización de deudas para pagar 130.000 dólares en cuatro años* https://www.nbcnews.com/better/lifestyle/couple-used-debt-snowball-method-pay-130-000-four-years-ncna1059086
- *Método Acelerador de Deuda: Qué saber y como empezar* https://www.lend ingtree.com/debt-consolidation/debt-avalanche-method/
- *como librarse de las deudas de las tarjetas de crédito: guía en 5 pasos* https://w ww.nerdwallet.com/article/finance/credit-card-debt
- *Invertir en su futuro: A Guide to Family Financial Planning* https://www.inv estopedia.com/guide-to-family-financial-planning-8418295
- *Acciones, bonos y fondos de inversión: Diferencias clave* https://www.bankra te.com/retirement/stocks-bonds-and-mutual-funds/
- *El poder del interés compuesto: Cálculos y ejemplos* https://www.in vestopedi a.com/terms/c/compoundinterest.asp
- *El poder de la diversificación: Building A Successful Family Business Strategy* https://aaronhall.com/the-power-of-diversification-building-a-succes sful-family-business-strategy/
- *Hoja de cálculo de las necesidades de jubilación* https://www.schwabmone ywise.com/resource/retirement-needs-worksheet
- *Calculadora de ingresos por jubilación - Inversor Vanguard* https://investor .vanguar d.com/tools-calculators/retirement-income-calculator
- *IRA Roth vs. IRA Tradicional* https://www.schwab.com/ira/roth-vs-traditi onal-ira
- El poder del crecimiento compuesto *en los* planes *401(k)* https://humanin terest.com/ learn/articles/power-of-compound-growth-401k-plans/
- *como enseñar dinero a los niños: An Age-by-Age Guide* https://www.parent s.com/parenting/money/family-finances/teaching-kids-about-money-an-age-by-age-guide/
- *21 juegos de alfabetización financiera para que aprender sea divertido - OppU* https://www.oppl oans.com/oppu/financial-literacy/games-financial-lit eracy/

· *Permisos y niños: como crear hábitos de salud a una edad temprana* https://www.investo pedia.com/guide-allowances-and-kids-5217591

· *como empezar a invertir siendo adolescente* https://www.fidelity.com/learn ing-center/personal-finance/teach-teens-investing

· *Tipos y tramos del impuesto federal sobre la renta - IRS* https://www.irs.gov /filing/federal-income-tax-rates-and-brackets#:~:text=You%20pay%2 0tax%20as%20a,rate%20on%20your%20entire%20income

· *Roth IRA frente a 401(k): ¿Cuál es la diferencia?*https://www.investopedia.c om/ask/answers/100314/whats-difference-between-401k-and-roth-ira. asp

· *Cosecha de pérdidas fiscales: Definición y funcionamiento* https://www.nerd wallet.com/article/taxes/tax-loss-harvesting

· *Crédito fiscal por hijos | Servicio de Impuestos Internos* https://www.irs.gov/ credits-deductions/individuals/child-tax-credit#:~:text=Be%20under% 20age%2017%20at,financial%20support%20during%20the%20year

· *La psicología del ahorro:* Superando barreras para el éxito *financiero* https://www.rudowealth.com/rudo-blog-posts/the-psychology-of-savi ng-overcoming-barriers-to-financial-success

· como desarrollar una mentalidad monetaria *positiva* https://www.briantr acy.com/blog/financial-success/how-to-develop-a-positive-money-mi ndset/

· *El miedo al dinero se convierte en éxito económico* https://www.myjourneyt oinfluence.com/money-fears-turned-money-success-story/